博物旅行

庞旸◎著

科学普及出版社
·北京·

图书在版编目（CIP）数据

博物旅行／庞旸著 .—北京：科学普及出版社，2019.1
ISBN 978-7-110-09792-2

Ⅰ.①博… Ⅱ.①庞… Ⅲ.①科学知识－少儿读物 Ⅳ.① Z228.1

中国版本图书馆 CIP 数据核字 (2018) 第 072773 号

策划编辑	杨虚杰
责任编辑	赵慧娟
装帧设计	森　山
责任校对	杨京华
责任印制	马宇晨
绘　图	朱　颖

出　版	科学普及出版社
发　行	中国科学技术出版社发行部
地　址	北京市海淀区中关村南大街 16 号
邮　编	100081
发行电话	010-62173865
传　真	010-62173081
网　址	http://www.cspbooks.com.cn

开　本	787mm×1092mm　1/16
字　数	100 千字
印　张	9
版　次	2019 年 1 月第 1 版
印　次	2019 年 1 月第 1 次印刷
印　刷	北京利丰雅高长城印刷有限公司

书　号	ISBN 978-7-110-09792-2/Z·231
定　价	39.80 元

目录
CONTENTS

序言

让我们一起开始**博物旅行**吧！

嗨！大家好，我是小马可。什么什么？你问我和威尼斯旅行家马可·波罗有什么关系？哇，差了八九百年呐，唯一相同之处就是我们都爱旅行，周游世界是我和大马可共同的兴趣。

古人云：读万卷书，行万里路。旅行能让我们看到这个世界最美丽的风景，最奇妙的事情，能学到好多书本上学不到的东西呀！

咱们中国明代的大旅行家徐霞客也是我的偶像。他一生志在四方，"达人所之未达，探人所之未知"，一部游记，记录了多少人文、地理、动植物等知识啊！

循着大马可和徐霞客的足迹，我和小驴友们也满世界转悠，号称神游天下。我把这些年看到的、学到的，都记录在这套书里了。这里头有自然奇观、博物风情、人文历史、未解之谜，与爱旅行的朋友们分享。

行程处处有芳草，少年驴友遍天下。朋友，如果你想领略天涯海角那些千奇百怪、千姿百态的事物，就和我们一起打起背包，来一次说走就走的旅行吧。

出发！

亚洲篇

BOWU LVXING

阿尔山是我国第四纪火山喷发的地质遗迹，是一本关于火山地貌的百科全书，被称为"中国火山地质博物馆"。

走进『火山地质博物馆』

小马可听说地质学家田教授要去内蒙古的阿尔山考察，软磨硬泡地要跟着去。他说："听说那里山高林密路险，我这个小背包客可以给您当助手呀！"田教授拗不过他，只好答应，条件是回来时要像大学生一样交出一篇考察报告。

"热的圣水"

他们乘飞机前往大兴安岭西南山麓的阿尔山。田教授告诉小马可，阿尔山的全称是哈罗阿尔山。在蒙古语中，哈罗的意思是"热"，而"阿尔山"的意思是"圣水"，并不是"山"的意思。"热的圣水"？让我猜猜！小马可飞快地转动脑筋："是不是跟火山喷发的熔岩有关？""聪明！小马可，看来带你来是对了。"田教授赞许道，"阿尔山是我国第四纪火山喷发的地质遗迹，是一本关于火山地貌的百科全书，被称为'中国火山地质博物馆'。我们此行就是来探索火山地貌的奥秘的！"

阿尔山天池

　　说话间，阿尔山到了。这是一个风景绝美的国家地质公园。有世界罕见的天池群——七座天池有的像水滴、有的像脚丫、有的像鸡蛋，形状各异；有大大小小、珍珠般散落的高山湖群；有世界最大的、可洗又可喝的矿泉群；有大兴安岭最高峰摩天岭；还有在气温 -40℃ 以下也不结冰的不冻河……各种各样的美景让小马可的眼睛都不够使了。然而他知道，自己不是来游山玩水的。他紧跟田教授来到第四纪火山喷发的地质遗迹，亚洲最大的近期死火山玄武岩地貌——石塘林。

石塘林——火山熔岩上似乎没有土，但照样植物茂盛

奇哉石塘林

　　石塘林长 20 千米、宽 10 千米，是由火山喷发后岩浆流淌凝成的台地。经过千百年的风化和流水冲刷，形成了独具特色的自然地貌。走在石塘林里，就像置身一个波涛汹涌的熔岩海洋，海洋的浪花构成了翻花石、熔岩垅、熔岩绳、熔岩碟、喷气锥等神奇的地貌，还形成一个个熔岩洞、熔岩陷谷、地下暗河等，看得人眼花缭乱。

　　在大面积的火山熔岩地貌中，他们还发现了熔岩龟背构造，田教授介绍说，这是目前国内唯一规模大、发育好、保存完整的熔岩龟背构造。另外，这里还有数以百计的熔岩丘，这也是目前国内唯一能见到的一

通往阿尔山的河流

喷气锥

火山岩

火山岩上长出的树

种玄武岩地貌。只见一堆堆假山般壅塞的火山岩千奇百怪，有的像利剑直指天上，有的像英勇的武士持戟征战，有的像威武的雄狮闪电狂奔，还有的像年迈的老人饱经风霜……

　　田教授和小马可的足迹几乎踏遍石塘林的每个角落。田教授不停地敲打、挖掘、审查、测算着各种各样的火山岩石，还把一块块岩石标本塞进身后高大的地质包里；小马可则忙着用相机把那一个又一个奇奇怪怪的熔岩地貌和岩石标本拍下来。他记着田教授的话："要尽可能地多留资料！"他知道这些资料都是特别宝贵的。不说别的，就为了完成教授布置的功课，他也不敢懈怠啊。

　　小马可还发现，石塘林的植物也和别的地儿不大一样。教授大为赞赏地说："小马可，你很善于发现！这里不仅是火山地质博物馆，也是一座天然的生态进化博物馆，它真实地模拟了植物生命艰难存续、进化的全过程。"田教授边用手指点着，边向小马可讲解："你看，火山熔岩冷却形成裸石，一切生命停止；接着，风吹来地衣孢子，岩石上出现壳状地衣；地衣体混合岩石碎屑形成土壤，枝状地衣和苔藓进入，土壤和水分条件得到改善；再看这儿，蕨类植物定居，小灌木出现，形成草丛，生长树木，育成森林——这就是从低等级植物向高等级植物进化的全部过程。它一步步，如此真实地呈现在我们面前。到目前为止，阿尔山地区的生物演替进化过程还没有结束呐，还在不断有新的物种生成。"

　　小马可举目四望，看到除了田教授说的那些还处于原始状态的土壤和植被外，石塘林的植物生命真是复杂而多样。这里

火山岩旁的樟子松

有落叶松、白桦、云杉、桧柏、金银梅，有在雪中傲然绽放的大片杜鹃花，还有长达数丈造型独特的"爬地松"。他伸伸舌头，感叹道："这本纯天然的生物进化教科书，真是太生动了！谢谢您！教授，要不是您带我来，我怎能看到这么丰富的大自然的杰作呢？"

"先别忙着谢我，小马可，还是好好考虑一下，怎么把我要的考察报告写好吧！"田教授笑着说。

本文图片提供：武宁

地质学家田教授要去南京六合地区考察罕见的石柱林，好奇的小马可当然要抓住这个机会喽。好在上次去阿尔山，小马可给田教授留下了勤奋好学的印象，这次没费什么事，田教授就答应带他去了。

地质奇观——石柱林

他们乘坐舒适的动车先到南京，又乘南京大学地质系特意为他们准备的吉普车，来到六合区冶山镇的桂子山。一下车，小马可就被眼前的景象惊呆了，敢情世界上还有这样的山啊：眼前高达30多米的陡壁，都是由五棱或六棱形状、长长的石柱组成的。这些直径大约0.5米的石柱，大概总有数万根吧。它们或直立或倾斜，有规律地紧密排列，真像

是石柱组成的密林，看上去特别雄伟、壮观。

"山怎么能长成这样啊！"小马可半惊叹、半好奇地问。

正忙着拍照的田教授暂时收起相机，认真地为小马可解释道："这些石柱林是1000万年以前火山爆发时，玄武岩浆喷到地面冷却收缩后产生的。地质学上称这种现象为'熔岩柱状节理'。"

壮观的石柱林

　　田教授告诉小马可，1996 年召开第 30 届世界地质大会，会后美国、丹麦、澳大利亚、南非和中国的地质学家，来到桂子山石柱林考察。专家们认为这里的玄武岩及其中所含的来自地幔的包体，是研究深部地壳的天然样品，玄武岩石柱是大自然赐予人

江苏六合国家地质公园

类的珍贵的地质遗产，也是难得的旅游资源。

他还说，除了桂子山石柱林外，这一带还有许多石柱林，只不过桂子山石柱林最高、规模最大，也最典型。在我国4000千米长的火山活动新生代中，六合火山群是唯一发育良好的石柱山群，被南京市民评为金陵新十四景之一。

小马可缠着田教授到附近别的石柱林看看。吉普车载着他们又跑了几处。小马可发现，虽然从观赏性来说，气势雄壮挺拔的桂子山石柱林还是第一，但其他几处也是各有千秋。比如八百桥马头山的石柱林，红橙黄绿青五色俱全，根根石柱相环而抱；瓜埠龟山的石柱林，则呈现出一幅火山喷发的实景图，火山学家一定最喜欢来这里。

"世界上其他地方有这样的石柱林吗？"小马可又问。

田教授说，石柱林确实是一种极为特殊的地质景观，在世界上非常少见。但在我国四川、云南、广东等地和其他一些国家也有发现。桂子山石柱林是目前已知最大的石柱林，占地面积有15万平方米。这么大又这么丰富、奇特的石柱林，连美国黄石公园和爱尔兰的石柱林见了，都会自叹弗如。

石柱林都是由各种棱形的石柱构成的

石柱林上长了许多的植被

云南石林主要由石灰岩构成

"我去云南看过石林，石林和石柱林是一回事吗？"小马可又问。

　　"石林也是地质上的一个奇观。但云南的石林是由石灰岩经风化剥落而形成的，这里的石柱林是由玄武岩浆冷却收缩而形成的。形状上，两处也各有特色。"田教授耐心地解释。

　　是啊，云南石林是一根根钻天而立的石柱，而石柱林是一根根贴山而立的石柱，都像鬼斧神工一般。大自然真是个神奇的魔术师啊！小马可想。

云南石林的石象

云南石林

本文图片提供：詹庚申

彩色丘陵是丹霞地貌吗？

"马可，给你介绍个好玩的地方。"好久没有联系的阿尕在QQ上露面了。

"你跑到哪儿去了？一直都没见到你。"小马可发了个表示奇怪的表情。

"我去拍电影啦！"阿尕得意地告诉小马可，"你看过张艺谋的《三枪拍案惊奇》吗？"

什么？生活在大西北的阿尕居然能去参加张艺谋的电影拍摄，太不可思议了！就冲这条，小马可也必须得看看这个"三枪"。

说实话，穿着红肚兜、粉褂子的小沈阳在荒野中狂奔，一身水绿罗裙的闫妮高举手枪杀死面馆老板，这些无厘头的情节都没能吸引住小马可，他仔细在影片里寻找着阿尕的身影，结果却被电影中那一片绚丽的外景抓住了眼球。那是怎样的一片土地啊！远看就像一片红色的正在起伏的海浪，近看山岩又像披上了五彩的条纹装，红色、白色、黄色、褐色、青色，在碧蓝的天空下舒展着坚硬的身躯……这背景的效果做得真是太美了！

大山穿上条纹装

"谁说那是电影效果？那是我们家乡的实景，《三枪拍案惊奇》就是在我们家乡拍的！"阿尕激动得嚷了起来。

阿尕的家乡在甘肃临泽，那里地处河西走廊中部，东临张掖，南依祁连山。2000年，一位摄影记者来到这里，恰巧碰上了阿尕的一个远房叔叔。叔叔带着记者来到他们家后山坡，只见一片一望无际的彩色丘陵在骄阳下连绵起伏，见多识广的记者被眼前的绚丽景色惊得几乎忘记了按动快门。

"你知道吗？这就是《三枪拍案惊奇》电影里的景色。那个记者叔叔连声说太美了，太美了！他问我叔叔，这么漂亮的景色为什么不开发利用？我叔叔憨憨地说，俺没出过门，以为天下的山都跟这儿的一样，是五颜六色的呢。"阿尕"咯咯"地笑起来。他告诉小马可，后来他们那儿就出了名，人称张掖丹霞地貌。"它还被《中国国家地理》杂志评为中国最美的七大丹霞地貌的第六名，美国《国家地理》杂志还称它是'世界十大神奇地理奇观'呢！你赶快来看看吧。"

尽管做足了思想准备，可是当小马可见到那一座座红色中夹杂着深深浅浅黄色、棕色条纹的山时，还是忍不住尖叫了起来："哇，太美了！"

阿尕带着小马可登上高处，眼前重重叠叠的山峦宛如翻卷着巨浪的海洋，又如一幅巨型油画镶嵌在蓝天白云之下。那绚丽的色彩、恢宏的气势、鬼斧神工的造型，让小马可兴奋得不知怎么表达才好，他蹦着跳着，撒了欢儿地向那一片红色奔去。

"丹霞"一词是怎么来的

阿尕追上来，问小马可："你知道'丹霞'这个词是怎么来的吗？"小马可想了想，丹是红，霞也是红，肯定是哪位地质学家看见了这种红色的岩层，才起了这个美丽的名字。

"你真聪明！"阿尕告诉小马可说，他们的语文老师是个志愿来西部支教的大学生。老师告诉他们，1928年，咱们国家最早的一批地质学家到广东进行现代地质调查，结果发现了大片红色砂砾岩，他们就给这种红色砂砾岩起名丹霞。"我们老师说，那

彩色丘陵也有不同的风貌

些地质学家当时一定是想到了魏文帝曹丕的诗句'丹霞夹明月，华星出云间'，结果才使得这些坚硬冷冰的岩石有了这样绚丽多彩、浪漫温暖的名字。"

"你们老师真有学问！可是，"小马可摸着地上的黄色条纹问，"丹霞地貌为什么会有这些彩色条纹呢？"

"这不是真正的丹霞地貌！"旁边一个正在摄影的叔叔插了一句话。这下把阿尕惹恼了："谁说我们这里不是真正的丹霞地貌？国家地理杂志……"

摄影叔叔一笑："小家伙别急呀。其实张掖丹霞包括两部分，一部分是真正的丹霞，在张掖的肃南县，那里的大红山、冰沟、大勒巴沟才是真正的丹霞地貌呢。"

"那我们这儿呢？"阿尕不服气地问。

"这儿的地貌叫彩色丘陵，所以这里的山丘不同于丹霞地貌那样是单纯的红色，而且这里的丘陵头顶圆、山坡缓，不像真正的丹霞地貌那样被流水和大风侵蚀成平顶、陡崖、孤立的塔形。不过，"叔叔缓了口气说，"这里是咱们国内唯一的丹霞地貌和彩色丘陵景观的复合区，也是相当的漂亮啊！"

一听人家夸自己家乡美，阿尕乐了："走，马可，咱们去看看电影里的麻子面馆吧。"

麻子面馆搭建在彩色丘陵平坦的戈壁滩上，两层楼高的仿古建筑，青色的砖瓦和背后的彩色丘陵和谐地融为一体。在落日余晖的映衬下，丘陵闪耀着奇幻的光彩。小马可对张艺谋真是佩服得五体投地，选了这么个美丽的地方来拍电影，张大导演可真有眼光啊！

大山穿上彩条装

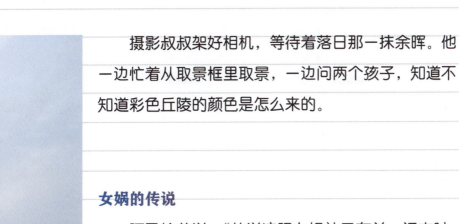

摄影叔叔架好相机，等待着落日那一抹余晖。他一边忙着从取景框里取景，一边问两个孩子，知道不知道彩色丘陵的颜色是怎么来的。

女娲的传说

阿尕抢着说："传说这跟女娲补天有关。远古时，共工和颛顼之间发生了一场战争，直打得天昏地暗、山裂地陷，还把天捅了个大窟窿。女娲采集五彩石，碾成粉末，用昆仑山的玉液琼浆调和，开始补天上的窟窿。西天有个蛇身妖怪，唯恐天下不乱，它施展妖术，把五彩石粉末吹得满山遍野。女娲一觉醒来，看到祁连山变得五彩缤纷，这才发现五彩石粉末不见了。女娲略施法力，把五彩石粉末又聚拢在一起，但一部分却留在了山头上，把山染成了七彩的。"

"哈哈，好美的神话！"叔叔笑着说，"不过真正的原因可能是因为地层里含有很多铁、铜、锰、钴等离子，在形成岩石的过程中又经过了很多复杂的变化，再加上几百万年的雨雪风霜、日晒风蚀、生物作用，就让这里成了一块'大地的调色板'了。"

"好啦，你们俩快站到面馆前面，趁着这落日，和七彩丘陵合个影吧。来，说茄——子！"

本文图片提供：武宁

21

热闹和谐的鸟岛

小马可在青藏线列车上结识了小安娜，小安娜也是去西藏旅游的。她对小马可建议说：到了青海湖，一定要去看看鸟岛！这主意正中小马可下怀，于是他揣上临行时爸爸给买的高倍望远镜，和小安娜结伴去鸟岛。

走近湖边，湖水那清新湿润的气息迎面而来，无数水鸟在碧蓝碧蓝的天空飞翔、鸣叫着，那场面还真壮观呢。

两个岛

鸟岛其实是两个岛。在青海湖的西北边，有两座大小不一、形状各异的岛屿，一东一西、左右对峙，就像一对相依为命的孪生姊妹。

来之前，小安娜显然看了好多资料。她告诉小马可，那西边的小岛叫海西山，也叫蛋岛；东边的大岛叫海西皮，也叫鸬鹚岛。因为岛上常年栖息着数以十万计的候鸟，人们就把它们统称为鸟岛。

他们首先登上了海西山。这是一座形似驼峰样的小岛，岛顶高出湖面 7.6 米。它原来面积只有 0.11 平方千米，现在随着湖水下降，面积扩大了些。海西山上鸟类数量最多了，有八九万只。这里是斑头雁、鱼鸥、棕颈鸥的世袭领地。每年春天，几万只鸟儿一起来到这里，按不同种类在岛上各占一方，筑巢垒窝。因此你看吧，全岛布满了鸟巢。到了产卵季节，岛上的鸟蛋一窝连一窝，密密麻麻数也数不清。所以，人们又把这里称为蛋岛。

听小安娜的介绍，小马可想象着春天岛上那拥挤热闹的场面——那不是世界上最大的鸟儿产房吗？几万只小鸟一起出生，叽叽喳喳还不叫破天了？该是多么激动人心啊！

接着，他们登上了海西皮。这鸬鹚岛离蛋岛也就十多米，是一块孤立的岩礁。它曾经四面被水包围，而今由于水面下降，已经和蛋岛连到了一起。和蛋岛不同的是，这个岛上主要栖息着鸬鹚。每到春天，千万只鸬鹚飞来岛上产卵、抚育幼鸟，原本褐红色的岩石都被黑压压的鸟儿覆盖住了。

蛋岛上的斑头雁和棕头鸥

它们为什么各占一方

为什么斑头雁、鱼鸥和棕颈鸥占据着海西山，而鸬鹚占据着海西皮呢？是谁这样分配的？为什么这样分配？小马可的问题就是多。

普通鸬鹚

24

可小安娜也是个小孩，她还回答不了这些问题。她猜，也许它们从一开始就习惯了这样吧？要知道自然界有些事情是无法完全解释清楚的，但它们有自己的规律和秩序，比如不同的鸟儿各据一方，可以避免因争夺领地而打架，在有限的地盘上，大家彼此相安无事，专心哺育自己的小宝宝，这不是挺好吗？小安娜还说，对小马可提出的问题，她回家后要请教当鸟类学家的爸爸，一定会给他一个满意的答案。

　　小马可听了，既佩服又感激。他觉得虽然小安娜没有完全答出自己的问题，但她分析得挺有道理。他应该向小安娜那样多动脑筋，运用学过的知识解释自己脑子里冒出来的问题；自己解释不了就向懂的人请教，那样自己的知识不就越来越丰富了吗？

斑头雁

25

小安娜从爸爸那确实学会了不少东西。她告诉小马可，鸟岛之所以有这么多鸟儿，主要是因为它有着独特的地理条件和自然环境。这里地势平坦、气候温和、三面绕水，而且环境幽静、水

三块石渔鸥

草茂盛、鱼类繁多，是鸟类繁衍生息的理想家园。除了前面说的几种外，这里还有赤麻鸭、黑颈鹤等 10 多种候鸟。这么多种类、数量的鸟儿在这里和谐地共同生活，可以说是大自然的奇迹。

　　小马可用望远镜远远地观鸟，只见鸟儿们有的在蓝天白云之间翱翔，有的在碧波中游泳嬉戏，有的在沙滩上悠闲地踱步；海、陆、空，都有鸟儿在用优美的舞姿翩翩起舞，婉转动听的鸟鸣声此起彼伏。他赞叹道："鸟岛，真是名副其实的鸟类的天堂啊！"

本文图片提供：杨涛　侯元生

蜀道明珠翠云廊

受川中小驴友山娃子邀请，小马可来到四川省广元市剑阁县。山娃子说，在这里的崇山峻岭中藏着一个"举世无双的奇观"呢！

他们乘旅游小巴，在平坦宽阔的国道上疾驰。过剑门关不久，山娃子向远处山中的森林指去："瞧那儿，看见那些密密层层、遮天蔽日的大古柏了吗？那就是'翠云廊'！"

"翠云廊"？好好听的名字。小马可心下纳闷：不就是许多大柏树吗，怎么会有这么诗情画意的名字？

翠云廊的入口

三百里程十万树

山娃子早就猜到了小马可的狐疑。他对朋友说，你听说过"蜀道难，难于上青天"这句话吧？"翠云廊"，是以险著称的"剑门蜀道"的一段。从秦朝起，历朝历代，当地官民都在这条古蜀道旁大种柏树，称为"剑州路柏"。到了清康熙三年（1664年），剑州知州乔钵写下一首诗："剑门路，崎岖凹凸石头路。两旁古柏植何人？三百里程十万树。翠云廊，苍烟护，苔花阴雨湿衣裳，回柯垂叶凉风度。无石不可眠，处处堪留句。龙蛇蜿蜒山缠互，传是昔年李白夫，奇人怪事教人妒。休称蜀道难，莫错剑门路。"

"这首诗写得真好，把'剑州路柏'的奇、险、美都写出来了！

从那时起，它就改名叫'翠云廊'了，对吗？"

"小马可真聪明，正是如此！"

说着，他们已经到了翠云廊。古驿道旁，矗立着一座张飞的雕像。小马可的疑问又来了。

没等他问，山娃子就说开了："翠云廊，民间又称'皇柏''张飞柏'。'皇柏'的'皇'指秦始皇。秦始皇统一中国后，下令以咸阳为中心，修建通达全国的驿道，在道两旁种成排的柏树，以显示天子的威仪。据林业专家考证，如今翠云廊胸径 2 米以上的古柏都应该是秦柏。"

"哦，树龄有 2000 多年了啊！"小马可叹道，"那'张飞柏'呢？"

"张飞曾经在离这儿不远的巴西（今阆中县）当太守（县长）啊！当时，军政往来频繁，为了政治、军事的需要，张飞命令士兵和百姓，沿着驿道种了大量的柏树。至今，民

皇柏

三国鼎立柏

30

间还流传着张飞当年'上午栽树，下午乘凉'的故事呢。翠云廊上胸径 1.8 米以上的古柏，就是'张飞柏'了。"

接下来，山娃子又给小马可介绍了东晋、北周、唐、宋和明代五次大植柏树的情形。这么说来，历史上就有 7 次大规模的植柏了。所以清朝人说翠云廊是"三百里程十万树"嘛！

奇人怪事教人妒

他们边说，边走进"翠云廊"古柏景观大道。只见道路两旁一棵连一棵的古柏，高大、苍老，铁干虬枝，直插云天。它们像一个个白发苍苍、饱经风霜的老人，在向小马可他们讲述 2000 年的历史沧桑。古树旁，小马可恍惚听到鼓角齐鸣，仿佛看到张飞的金戈铁马，真像是走进一条绿色的历史长廊。

山娃子边走，边指着那千奇百怪的柏树给小马可介绍："你看，这棵'古柏王'，足有 2300 岁了；这棵连理的，叫'夫妻柏'；这棵以粗壮命名的叫'状元柏'；巨型枝桠腾空横伸的，叫'天桥柏'；树干弯曲扁平像把刀的，叫'关刀柏'；还有这棵，'阿斗柏'……"

"停，停，为什么叫'阿斗柏'呀？"小马可好奇地问。

"传说三国时，蜀后主刘禅（乳名阿斗）降魏，被押解洛阳路过这里时，遇倾盆大雨，就在这棵树下避雨。到洛阳后，传出阿斗不思亡国之耻，乐不思蜀的消息，百姓听了生气，就拿这棵树泄愤，叫它'阿斗柏'，用刀砍，用火烧。天长日久，你看，它半边的树干全都干枯了！"

"哦，原来是用它讽喻那些不思进取、难以成才之人啊！"小马可望着那棵"歪脖子树"，若有所思地说。

"还有这棵，是'松柏常青树'……"

"什么什么？松柏常青？"

"此树大约种于秦惠王时期。它是一棵奇特的树：树干似松，枝叶似柏，果实比柏果大，比松果小，既像松又似柏，所以叫作'松柏常青'。经植物分类专家鉴定，它是濒临灭绝的古老树种，世界上仅此一棵。翠云廊的古柏有'森林化石'之称，这棵树就是代表。专家将它命名为'剑阁柏'，并公布为一级保护树种。"

"乖乖，真了不起！"小马可赞叹道，"这些古柏能保存至今，很不容易吧？"

"是啊，这还要感谢历代政府的严令保护，和老百姓爱树护路的观念。自古以来，剑阁山区老乡就把修路种柏看成是为后人造福的一种美德，历代政府也有严禁伐木的诏令。据说明代剑州州官在卸任时，要把植树护路的情况作为一项政绩来考核；民国时，为了防止修公路对行道树的破坏，下达过'砍伐皇柏者枪毙'的禁令；新中国成立后，政府颁布了古柏管理条例，还先后三次清理登记、挂牌编号。"

"尽管如此，但毕竟年代太久远了，如今想看'三百里程十万树'的胜景是不可能了。据统计，剑门蜀道留存下来的古柏有 12351 株，大部分在剑阁县境内，其中最精华的就是我们走的这段被精心保护的翠云廊古道，现在是国家森林公园。"

翠云廊古柏　剑门蜀道

本文图片提供：阿真

小马可来到了祖国宝岛台湾，在嘉义市与小驴友踏破天会合。他们要从这里乘森林铁路小火车上阿里山。

对阿里山，小马可是神往已久了。坐在飘着木头香味的车厢里，他不由小声哼唱起《高山青》来："高山青，涧水蓝，阿里山的姑娘美如水啊，阿里山的少年壮如山……"

"停停，兄弟！"踏破天说，"咱们这次进山，不看姑娘也不看少年，甚至日出、云海、姊妹潭都不是重点，咱们去看阿里山的红桧树，怎样？"

"红桧树？！"小马可临行时做过功课，知道阿里山有一种号称"神木"的树，是台湾独有的树种。

"咱们现在坐的森林小火车，就是因为红桧树而修建的。说起来，也有100多年历史了！"踏破天说。

阿里山的红桧林

乘撞壁式火车进山

原来，1895年日本根据《马关条约》，从中国割据了宝岛台湾，第二年，他们就在阿里山发现了大片的红桧林。

红桧是裸子植物中属于柏科扁柏属的一种植物，树身高大，最大的红桧树能长到60多米高，直径可达6.5米，与美国加州号称"世界爷"的红杉树有得一比。当时，在阿里山的茫茫林海上，有30多万棵这样的红桧树，它们在这里已经生长两三千年了。

可惜的是，日本人对这片古老、珍贵的原始森林进行了掠夺

阿里山的铁路桥

性的砍伐。为了把大树运出山，他们特意修建了这条森林铁路。

正说着，火车转了个大弯，开始往回开。这是为什么呢？难道还没到就回去吗？

"别急，小马可，我们走的正是一条'折返式铁道'呀！"踏破天笑着拿出一张路线图，为小马可解释说，"由于山势陡峭、地质条件复杂，修这条铁路难度特别大。你看，从十字路到阿里山这一段，有四个大尖角，干线15千米的空间距离却修了72千米铁路，为什么呢？因为走到这里受地形限制，没法继续往前走了，就向回返，往另一坡道上行驶，就像火车撞到山壁再倒退走一样。这样以'Z'字形方式往返登山，时而前进时而倒退，这就是著名的'阿里山火车撞壁'。"

"哦，日本人够聪明的！那这条铁路全长多少？"

"加上支线，总共有1000千米。这条铁路1912年通车，有了它，砍下的红桧树就源源不断地运往日本，建神庙、盖房子，直到1945年日本投降，30多万棵大树几乎被砍伐殆尽，只剩下屈指可数的几棵了。"

怪兽树根

"唉，真可恨！"小马可不禁为那些大树唏嘘不已，"那我们今天进山还能看到红桧树吗？"

"别着急，一会儿你不就知道了吗？"

红桧的生命好顽强

森林小火车在蜿蜒的山谷中行进，穿山越岭、千回百折，终于来到阿里山车站。

车站用粗大的原木建成，候车室宽敞干净，墙上挂着列车时刻表和铁路百年史的壁画，窗外的铁路窄轨上，停靠着一个蒸汽小火车的车头。小马可跟着踏破天出了站，沿着一条长长的木头栈道向山中走去。

山中的空气清新潮湿，还夹着一种淡淡的香味。踏破天对小马可说："这就是红桧树的味道啊！红桧木质中含有一种香精油，香气能保存长久。"听踏破天这么一说，小马可放心了，他知道，今天一定能看到红桧树。

他们走到栈道尽头，果然看到了一大片密密的红桧树。一位慈眉善目的老爷爷正在树下等着他们呐。

"爷爷！"踏破天大叫一声，扑进老爷爷怀里。原来，踏破天本姓林，他的爷爷是阿里山的看林员，怪不得踏破天对红桧树知道得这么多呢。

林爷爷带着两个孩子转林子，边走边介绍说："如今阿里山中这一大片红桧林，都是停止砍伐后，经过几十年的恢复天然更新的次生林，也叫年轻林。咱阿里山的自然条件——阳光、雨水、溪流啊，特别适合红桧树的生长，只要人不去破坏，它们就又能长成郁郁葱葱的树林。"

听林爷爷这么一说，小马可刚才还有点郁闷的心情，顿时高兴了起来。他看到，这些长了几十年的年轻林，虽然直径不过二三十厘米，但棵棵都长得高大挺直。树皮是红褐色的，树枝上生着鳞片状的针叶，叶片前端是尖的。

林爷爷告诉他们，红桧树是最上等的木材，能够用来造船、制作家具和建筑梁柱。它的木质坚韧，耐湿性强，加工后有光泽，不裂缝，不变形，不受虫蛀，百年不腐。一株成材桧木价值1000多万元呢。

"可我希望它们就生活在山里，永远不要被人砍走！"

"别担心，孩子。现在人们已经明白了它的珍贵，不会轻易伤害它了。你看，阿里山已经很久没有锯子的声音，只有桧木飘香了！"

"林爷爷，您快带我们去看看那些幸存下来的古树吧！"小马可迫不及待地说。

千岁桧，胸围11米，高35米，树龄约2000年

"好！"林爷爷带他们，沿着一条"巨木群栈道"，来到一棵高耸入云的巨木前。它树身有些前倾，高约52米，胸围约23米，小马可仰起脖子也看不到顶，十几个人都环抱不过来。林爷爷说，这是"亚洲树王"，因为生于周代，也叫"周公桧"，至今已有3000多年历史了。接着，他们又看了几棵古树，一棵胸围12.3米，树高45米，有2300年树龄，号称"阿里山香林神木"；另一棵胸围13.1米，树高43.5米，有2000年树龄，叫作"28号巨木"。这些树，都是阿里山辈分最高的爷爷树。

　　接着，林爷爷带他们来到神木博物馆。小马可看到一个巨大的红桧横剖面，上面刻画着这棵大树从宋代开始的年轮，已经有835年的历史了。可惜它的生命在20世纪初戛然而止了。

　　走在红桧林里，到处都能看到当年被砍伐后留下的巨大残根。这些树根直径大都在一两米以上，盘根错节、虬曲苍劲，有的像大象的鼻子，有的像一头怪兽，有的像战败的士兵，还有的像游龙一样紧紧抓着大地。经过漫长的岁月，它们身上都覆满了青苔和绿色的枝叶，又像是一个个历尽沧桑、伤痕累累的老人。

　　"那是什么？"小马可还看到一些"怪树"：它们下面是朽木，空空的像个山洞，而在"山洞"上面，却长着一棵棵青翠挺拔的年轻树。

　　"哦，那就是有名的'三代木'啊！"林爷爷告诉小马可，'三代木'是红桧树特有的现象：第一代老树枯死了，在它残存的树干上生长出第二代；当第二代也死了，枝繁叶茂的第三代又在它的躯体生出来。就这样，同根生长，树中生树，枯而复荣，生生不息。"

"林爷爷，您说得太好了！枯而复荣，生生不息——红桧树的生命真顽强啊！"小马可赞叹道。

"树灵塔"应在心中

最后，林爷爷带他们来到森林深处的"树灵塔"前。他对孩子们说："这树灵塔里安息着神木——红桧的灵魂。你们看，塔高约6米，造型像一棵树：圆形的底座，五级依次往上缩减的台阶，如同树根；台阶上竖着塔的主体圆柱，象征树干；顶上是一个小小的环形盖，那是树梢。塔的地基一圈圈的，代表树的年轮，旁边的刻痕代表锯木的痕迹。据说1935年（民国二十四年），当日本人在这里伐树时，一天，空中突然电闪雷鸣，地下轰轰地怒吼，黑云在树间翻滚，满山的红桧都摇晃起来。伐木者吓得战战兢兢，跪地祷告。他们似乎也感到，这样大举伐树是触犯了神灵，怕遭天谴，于是他们就修了这座塔，告慰树灵，也是安慰自己的良心。"

站在树灵塔前，小马可想，我们每个人心里都应该有这样一座树灵塔。

树灵塔

三代木

本文图片提供：阿真

温泉涌流的箱根

"小马可，你知道川端康成吗？"日本小驴友木村太郎正在用QQ跟小马可聊天。

"当然知道了！日本的大作家，诺贝尔文学奖得主啊！我还看过以他的小说改编的电影《伊豆的舞女》呢！"

"好啊！我正要邀你一起去《伊豆的舞女》那故事发生的地方——箱根呢。那可是日本最美的地方之一，你来了就知道了。"

还等什么，小马可立马买了去东京的机票，与木村太郎会合。

箱根位于神奈川县西南部，离东京只有90千米。木村太郎的表叔田中先生开车，一个多小时他们就到了。

箱根温泉

湖中有个"大白扇"

大约40万年以前，箱根一带曾经是烟柱冲天、熔岩四溅的火山口。火山爆发，珍珠撒地般地形成五个美丽明净的湖泊，芦之湖就是其中的一个。如今这一带，已经成了风光秀丽的伊豆国立公园。"正像川端康成说的，这里'火山重叠，地质复杂，致使伊豆的风物极富于变化'。"田中先生告诉孩子们："芦之湖这个火山湖，海拔 724 米，周长 20 千米，面积 7 平方千米，湖最深处有 45 米呢。"他们租了一条小船，泛舟在清澈湛蓝的水面上。放眼望去，到处是翠峰环拱，溪流潺潺，湖水被黑色的火山岩和葱郁的青草绿树环抱着，在清晨的阳光下潋滟发光；渔夫悠然自得地划着一叶小舟，静静地垂钓，舟边泛起圈圈涟漪。

　　"快看！富士山！"小马可像有了什么重大发现一样，指着湖水惊叫起来。果然，淡青色的湖水中，出现了巍峨挺拔的富士山的倒影，显得十分神奇。田中先生说："小马可，你运气真不错。这一奇景叫作'白扇倒悬东海天'，只有在天气特别好的时候才能见到。"

　　"什么什么，'白扇'？"小马可没太听明白。

　　"你看那富士山终年积雪的样子，映在湖水里，像不像一把倒悬的大白扇？"

　　"真像啊！"听田中先生这么一说，小马可恍然大悟。

湖中"白扇"　　　　　远望富士山

湖边的温泉旅馆

雅致的日式小旅馆

温泉像妈妈的怀抱

　　游完芦之湖，他们下榻在一个雅致的日式小旅馆。一进门，侍者就给每人递上一件宽大的和服和一条毛巾，请他们去"泡汤"。

　　"什么，泡汤？"小马可只知道啥事"黄"了叫"泡汤"，可不知为什么一来就叫他们"泡汤"。

　　木村太郎说："'泡汤'就是叫咱们去泡温泉。箱根的温泉可有名了，在这里'泡汤'绝对是人生一大享受！"

哦，原来如此。小马可跟着田中先生和木村太郎，来到旅馆特设的"汤池"里。他出溜进一池冒着热气的汤水中，顿时一股温柔的感觉包围了全身，别提多舒服了。田中先生告诉他，箱根的温泉久负盛名，含有多种对人体有益的矿物质。当地居民因为常泡温泉，长寿的老人特别多。这一带有著名的"箱根七汤"，就是七个被视为疗养胜地的温泉。

木村太郎说："小马可你知道吗，川端康成在《我的伊豆》里这样描写箱根的温泉：'各处涌流的泉水，使人联想起女乳的温暖和丰足，这种女性般的温暖与丰足，正是伊豆的生命。'"小马可觉得大作家写得太好了。这会儿他泡着温泉，正像躺在妈妈温暖的怀抱里一样。

关所

泡完温泉，他们来到芦之湖东岸的箱根关所。这是箱根地区的一处名胜古迹。所谓"关所"，是日本江户时代幕府设置的关卡，一座面积为 198 平方米的木造平房。关所内陈列着当时行人出门携带的"身份证"，捕吏使用的短枪、长柄大刀等，有 1000 多件文物，还有关所检查人员栩栩如生的塑像。

回宾馆的路上，小马可一直在捧

箱根关所

箱根关所里的文物

着一本书看，那就是川端康成的《我的伊豆》。上面写道："伊豆是诗的故乡，世上的人这么说。／伊豆是日本历史的缩影，一个历史学家这么说。／伊豆是南国的楷模，我要再加上一句。／伊豆是所有的山色海景的画廊，还可以这么说。／整个伊豆半岛是一座大花园，一所大游乐场。就是说，伊豆半岛到处都有大自然的惠赠，都富有美丽的变化。"

本文图片提供：阿真　唐荔

芦之湖畔的群山

小马可和木村太郎在芦之湖美美地玩儿了一通之后，木村说："明天我们就去大涌谷——那可是有着'大地狱'之称的地方哇！"

大涌谷，怎么又是"大地狱"呢？小马可赶紧上网，搜索起来——真的很奇怪，自小马可来到日本，到处看到的都是绿草和树林，据说是世界上森林覆盖率最高的国家之一——而这个叫作"大涌谷"的地方，却是山岩裸露，就像这个绿色星球皮肤上的一块疮疤。木村太郎看出小马可的疑惑，故意卖关子说："明天，明天你就什么都明白了！"

箱根『大地狱』之旅

第二天，他们来到芦之湖畔的群山。离老远，小马可就看到前面的山坡上，处处都在喷着浓浓的白色烟雾，就像到了神话传说中太上老君炼丹的地方。木村笑着对小马可说："这儿虽然不是中国神话中的仙山，却也叫作'神山'——科学地说，是火山口遗迹——40万年前箱根火山大喷发，以后历经数次，3000年前还喷发过一次。从那时起直到现在，每天仍在不断地由地下喷出大量的水蒸气和火山瓦斯，成为箱根的奇景之一。箱根地区盛产温泉，源头就在这里。"

箱根一带的群山

大涌谷

游客们走进大涌谷

不错，小马可看到好几股大大小小的地面温泉。乳白色、像米汤一样的温泉冒着热腾腾的气泡，翻滚着不断向外涌流，空气里弥漫着刺鼻的硫黄瓦斯的臭味。木村告诉小马可，这硫黄温泉可是个好东西，常泡温泉可以治疗皮肤病和一些其他的病，因此这一带的人们寿命都很长。

木村引着小马可，沿一条崎岖不平的蜿蜒小路往前走，小路两边是木棍围成的简易护栏，还有警示牌，告诫人们不要跨越护栏、离开道路。他们小心翼翼地走在狭窄

地面温泉

箱根火山岩中生长的野花草

的护栏里，好像一不小心就
会掉到火山口里去似的。

　　越走近火山口，热度越高，
臭味越大。浓浓的烟雾从被烤
焦的岩石缝隙里喷涌而出，弥
漫到周围的山坡上。块块巨石被
烤得龇牙咧嘴，坍塌龟裂，惨不
忍睹。草地和灌木丛，在这含硫
的"毒"雾中大片大片地枯萎死亡，
只剩下光秃秃细瘦的枝条，还一丛
丛地站立在那里，显现出一片阴森
肃杀之气。小马可心想，传说中的炼
狱大概就是这个样子吧？怪不得日本

人把这里称为"大地狱"!

　　木村说："在古代,当地人没有地球生命活动特别是火山活动的知识,对这个张牙舞爪喷火吐烟的怪物吓得要命,只敢远远地偷望一眼,从来不敢轻易靠近。后来佛教传到这里,他们看到佛经上描述的地狱,就把这里叫作'大地狱',相邻的小涌谷叫作'小地狱',还将周边的一些地点分别命名为地狱泽、阎魔台等。直到1873年明治天皇到此巡游,人们觉得让天皇'下地狱'有点不吉利,才改名为'大涌谷'。

　　近代,人们懂得了大涌谷的地理成因,又因为它那丰富多彩、变化万千的独特地貌,这里渐渐成了旅游胜地。现在,每年都有

白云盖顶的富士山

近千万游客从世界各地来到这里。他们在这里感受大地的呼吸、感受地球生命的运动；从这里，还可以远望富士山带雪的美丽山景。所以，如今的大涌谷不仅不会令人感到阴森恐怖，反而像神话中的仙山一样吸引人。"

说到这里，木村又像变戏法一样捧出几枚黑乎乎的鸡蛋，说："这可是大涌谷一宝——黑玉子！到这里的人，一定要吃它一枚！"

原来，这种鸡蛋是放在80多摄氏度的温泉里自然煮熟的。由于温泉中硫黄的浸泡，蛋壳变成了乌黑油亮的颜色。箱根人说，吃一枚"黑玉子"，能够增寿七年！对这个传说，小马可尽管将信将疑，但还是接过一枚"黑玉子"，两口就吃了下去。

"黑玉子"

本文图片提供：阿真　杨都

北极篇

BOWU LVXING

在哺乳期里，小鲸跟着妈妈，迁移时就趴在妈妈的背上，断奶以后才送到幼儿园。从此小鲸就开始了独立的生活，与妈妈再也没有关系了。

白鲸「幼儿园」

小马可突然接到加拿大小驴友艾米打来的长途电话："小马可，不论你现在在哪，尽快地到兰喀斯特湾来吧！大批白鲸正在这里洄游，景象壮观极了！"一句话说得小马可心痒难耐。正好他这时正在加拿大的温哥华。他以最快的速度登机前往北部地区，与艾米会合，乘上一架直升机，飞往位于北极圈内的兰喀斯特湾。

时间已是10月中旬，从直升机上向下望去，大地覆盖着皑皑的白雪，像是披上了厚厚的冬装。可海水却依旧波涛滚滚、湛蓝湛蓝的。在一个河口处，漂着几个小小的冰山，艾米猜，它们也许是从格陵兰漂过来的。小马可发现，除冰山外，水中还有许多更小的白点。那是什么呢？他请机长向下飞得近些，终于看清楚了——原来是一大群白鲸在海洋中嬉戏。

海洋中的金丝雀

"白鲸！白鲸！"艾米兴奋地大叫起来。

"这么多啊！真漂亮！像是冰块似的。"小马可也忍不住赞叹起来。

"这一带大约有10000头白鲸在活动。这个季节，它们开始往南迁徙，这就是一年一度的白鲸洄游。这个河口是洄游必经之地，平时哪能一下子见到这么多白鲸啊！"机长热心地介绍说。

在来加拿大的飞机上，小马可温习了有关白鲸的知识：在鲸

北极的海上冰山

类家族中，白鲸个头比较小，全身呈粉白色，看上去洁白无瑕。世界上绝大多数白鲸生活在欧洲、美国阿拉斯加和加拿大北部的海域中，喜群居。对于生活在北极的因纽特人来说，白鲸是非常重要的，它不仅能提供美味的肉食，还能用它的油点灯，明亮的同时释放出大量热量使简陋的冰屋保持温暖。此外，白鲸的皮也很有用，它有一种香味，可以制成各种装饰品。

　　1535 年，当法国探险家雅克·卡提尔发现圣劳伦斯河时，他的船队受到白鲸的迎候。这些白鲸在水中载歌载舞，歌声悠扬动听，响彻百里以外，其美妙悦耳的声音令船上队员们惊叹不已，他们便亲切地送给白鲸一个美丽的称呼："海洋中的金丝雀"。

　　然而不幸的是，从 17 世纪开始，由于捕鲸的高额利润，捕鲸者对白鲸进行了疯狂的捕杀，致使白鲸数量锐减。更加可悲的是白鲸的生态环境遭到毁灭性的破坏，一批批白鲸相继死亡。想到这儿，小马可由衷地说："谢谢你，艾米，让我在这冰天雪地的北极，还能见到这么多白鲸！"

白鲸"幼儿园"

"小马可，还有更好看的呢！现在我们去参观白鲸的幼儿园。"艾米说。

"白鲸还有幼儿园？快说说，怎么回事？"小马可的好奇心一下又被吊了起来。可艾米卖关子说，到了那儿自然就知道了。

飞机重新升空，向南飞去。不一会儿，到了一个不大的海湾，渐渐降低了高度。这里风平浪静，海面上没有冰，却见一片白花花的亮点在涌动。直升机继续下降，几乎贴近了水面，这时小马可他们才看清楚，原来，那一大片白点都是小白鲸！

"哈！这么多小鲸！真像是幼儿园！"

"小马可，你仔细看，这些小鲸有的大、有的小，这说明它们并不是一个季节出生的。因为白鲸并没有一定的交配季节，它们随时可以产仔，所以小鲸也就七大八小的。而且，小鲸刚生出来时颜色比较深，全身呈灰色，长大成熟以后，才变成纯白的颜色。"艾米真是个理想的游伴，她总有那么多知识告诉你。

"小鲸一出生就送到幼儿园吗？"小马可穷问不舍。

"不，它们也有一定的哺乳期。在哺乳期里，小鲸跟着妈妈，迁移时就趴在妈妈的背上，断奶以后才送到幼儿园。与人类不同的是，它们进了幼儿园，就开始了独立的生活，与妈妈再也没有关系了。"

小马可注意到，这个幼儿园里既没有"老师"，也没有"家长"，都是清一色的幼鲸。也许因为小白鲸都离开了妈妈，它们又是群居动物，才会有这种现象吧。无论如何，我们人类的孩子还真得学习小白鲸的独立性和集体性呢！小马可心想。

大洋中开始开裂融化的海冰

白鲸

本文图片提供：谢长朝　杨都

北极苔原变草原

小马可来到北极，受到查理叔叔的热情接待。查理叔叔是阿拉斯加北坡因纽特自治区野生生物管理部主任，一个豪爽的因纽特汉子。为使小客人不感到孤单，查理叔叔特意请自己的儿子小哈瑞和小马可做伴。两个孩子一见如故，很快就像亲兄弟一样难舍难分了。查理叔叔见状也非常开心，笑着说："好啊，明天就带你们到咱大草原上去看看！"

北极也有大草原？小马可将信将疑。在他的印象里，北极和南极一样终年冰天雪地、寸草不生。可看查理叔叔的样子，不像是开玩笑。

苔原上的因纽特人村庄

会变魔术的苔原

第二天，查理叔叔开着吉普车，带两个孩子来到一个叫作潭泥爪的苔原带。令小马可惊奇的是，眼前景物确实像内蒙古大草原一样，满眼葱绿、鲜花朵朵、生机盎然。"大草原！北极真的有大草原啊！"他不禁欢呼起来。

查理叔叔自豪地说："北极苔原带是世界上独一无二的奇妙景观——对了，我先解释一下什么叫苔原。你乘飞机来时，是不是看到脚下的森林愈来愈矮、愈来愈稀，最终完全消失了？"

"是啊！"

"这个分界就叫作树线。树线是北极的界限。也就是说，一过树线，就进入北极圈了。再往北，脚下变成光秃秃的一片，这就是苔原。苔原的意思是，这里只生长苔藓和地衣。"

"在我们北极，冬天最低气温达到 −55℃，最暖的夏季平均气温也不到 10℃。大部分时间，的确只有紧贴地面生长的苔藓和地衣才能存活。"小哈瑞补充说。

北极圈里有山有湖有草甸。天气变幻莫测，一日多变

从天空俯瞰北极圈

"可我们明明看见了大草原啊！"小马可性急地嚷道。

"这就是北极苔原的独特之处哇！确实，由于寒冷，这里一年中大概有10个月都被冰雪覆盖，除了少数驯鹿、狐狸、野兔和旅鼠外，真是白茫茫一片。可一到夏天，冰雪消融，草绿了，花开了，鸟在天上飞，鹿在地上跑，旅鼠在草丛里穿梭，狐狸在地道里奔忙，苔原摇身一变成了草原，显示出无穷的生机和魔力……"

"哇，苔原还会变魔术啊，真好玩！"

奇妙的造型

"还有更奇妙的呐，小马可你看——"查理叔叔边说边向远方指去，"那里，是不是像整齐的良田？那里，是不是像起伏的

北极圈还有松鼠

58

丘陵？还有那里，湖泊连片、河流纵横，像不像人工建造的灌溉系统？再看那儿，一个圆环连着一个圆环，排列规则，就像你们中国传说中的天女撒下的花环……"

"太神奇了！为什么会这样呢？"

"这是因为，苔原底下都是永久性的冻土带，只在夏天地表才能融化薄薄的一层，这样的一冻一化，久而久之，就形成了这样一些奇妙无比的造型和图案。而且，雨水和融化的雪水渗透不下去，便在地面上形成了大大小小的湖泊和弯弯曲曲的河流。如果从飞机上看下去，整个草原像是镶嵌着无数面形态各异的镜子。在阳光的照射下，光怪陆离，斑斑驳驳，草绿花红，别提多美了！"

北极苔原

阿拉斯加著名的德纳里国家公园的秋天

北冰洋畔的苔原

"南极为什么没有这样的现象呢？"

"因为南极周边是大海，所以没有这样的苔原冻土带呀！"

听小哈瑞这么一说，小马可眼前浮现出南极那座座冰川的景象。是啊，没有苔原，哪里来的草原呢？

"这么说我真幸运，看到一年只有两三个月的北极草原风光。走，哈瑞，带我进去好好看看！"小马可边说，边要拉着小哈瑞往草原深处走。不料被查理叔叔一把拽了回来："慢着，不可轻举妄动！我不是告诉你苔原只融化了浅浅一层，上面有许多

沙洲伸进北冰洋里

苔原

知识链接

在北极，有3000多种地衣、500多种苔藓，各种各样的开花植物则达900种之多。在北纬66°—71°之间的阿拉斯加北部及加拿大的北部岛屿上，生长着53个有花植物科的450种开花植物。而在北纬80°左右的格陵兰岛北部地区，仍然可以看到90多种各种各样的开花植物，它们是地球上纬度最高的开花植物。

湖泊河流吗？不穿高筒靴，没有探路棒等装备，要想在北极草原行走是非常困难的！"

"那怎么办呀？"小马可有些着急。

"我都带着呐！孩子们，跟我上车，咱们装备起来再进草原！"

本文图片提供：谢长朝

千奇百怪的北极植物

北极大草原上不能开车，开车会把草地压坏。小马可、小哈瑞换上高筒靴，手持探路棒，蹦蹦跳跳地跟着查理叔叔，向草原深处走去。

植物生长有绝招

一路上他们看见好多北极动物，有旅鼠、驯鹿、狐狸，在路过一个大湖时，还看到许许多多水鸟。这真是一个生物多样化的天堂。但他们今天主要还是来考察北极的植物。看着这一望无际、像一个大花毯子似的大草原，小马可缠着查理叔叔讲讲北极植物有什么特点。

查理叔叔说："你们看到了，北极到处可以看到苔藓，共有500多

种呢！可苔原并不单是苔藓的天下，而是长满了各种各样千奇百怪的植物。这些植物既要对付寒冷多变的气候，又要适应非常短暂的生长期，因此就发展出了各自的绝招，否则就难以生存下去。比如那丛北极柳树——"，他指着一丛绿油油的东西说，"它也是木本的。别的地方的柳树都是高大的乔木，而这里的柳树，因为风大寒冷，所以只能贴着地皮生长，又矮又小。"

"是啊，它小得连灌木都有点不够格呢！"小马可说。

从阿拉斯加中部往北部，树木生长缓慢

　　"是严寒使这里的松树、柳树生长得极为缓慢，一年中只能生长几个毫米，而且也特别矮小。"

　　"别看它不起眼，对我们因纽特人却非常重要。"小哈瑞插话说，"我们叫它萨拉（sura），可以浸泡在海豹油里当食物，也可以嚼着吃，还可以贴在被毒蜂蛰过的地方，能够消除疼痛。"

　　"其实北极分布最广的植物并非苔藓，而是韧草。"查理叔叔接着说，"韧草有点像温热带的茅草，但却矮小纤细。它们大量地

北极圈一带的植物个头低矮

北极植物

北极的花

生长在沼泽地区，并不开花结果，而是利用根茎往外扩展，盘根错节，在冻土之上形成一层薄薄的草皮。"

"是啊，我们现在不就踩在韧草上吗？真松软，就像是走在地毯上似的。"小马可说着，在草原上使劲跳了两下。

"韧草还很漂亮。有些地方是葱绿色的、有些地方是绯红的，放眼望去，一片斑斑驳驳，形成各种美丽的图案。而且，它还是驯鹿的主要食物呢！"小哈瑞补充道。

"看那几朵大黄花，多漂亮啊！"小马可惊叹着。

"那是北极罂粟，可不能用来做鸦片。"查理叔叔说，"好多北极植物的花都具有大型鲜艳的花朵和花序。比如，勿忘草和蝇子草的花朵都特别鲜艳，它们像是反光镜一样，靠鲜艳的花瓣将太阳的能量聚焦到花蕊上以提供热量，保证花蕊能正常地发育和生长。"

"那，为什么这里的花都是黄花，没有红花呢？"小马可又有新的发现。

"小马可，你观察得对。"查理叔叔赞赏地说，"北极草原的红花确实很少。这是因为气温比较低，而红花往往需要更多的阳光和能量。"

"哇，这是棉田吗，北极人也种棉花？"小马可又发现一大片植物，每一颗都顶着一个小小的绒球，白白的一片，像是散落在草原上的无数珍珠。

北极棉花

"那是北极棉花，可不是人种的。实际上，它们就是用这些小棉球保护自己的种子免受冻害的。"

65

北冰洋畔的植物只能长到这么高，秋天已经到了

这里的土豆不一样

小马可揪了一团北极棉花，拿在手里观察着："它的绒很长，收集起来，一定可以织出很好的布来！"

"我们这儿天这么冷，古代因纽特人一年到头都是穿皮衣服，北极棉花也就派不上什么用场。所以我们因纽特人没有种棉织布的传统啊！"

"是不是因纽特人都只用肉和鱼当食物，用动物的皮做衣服，不吃也不穿植物啊？"小马可问。

"那也不是。你看这个，就是我们因纽特人的土豆——"查理叔叔说着，拔下一棵"草"来，让小马可观察它的根。可小马可没看到什么"土豆"，只是根比较粗一点而已。

看得出这是在北纬66°的北极圈吗

"这就是土豆吗？"他问。

"是啊，它的根可以生吃，也可以煮了做汤，味道可鲜美了！"小哈瑞抢着说。

"我们因纽特人也采摘浆果、可以吃的叶子和草根，还有海草，把它们和猎来的野兔、野鸭等一起煮着吃，又好吃又有营养。我们还会用一些草根、叶子和树皮做药和染色剂呢。"

对了，听说因纽特人最早是从亚洲迁徙过来的，他们的植物知识是不是那时带过来的啊？小马可心想。

本文图片提供：谢长朝　位梦华

67

北美洲篇

BOWU LVXING

在加利福尼亚州狭长的沿海地带，阳光充足，生长着新生代第三纪的植物，其中最著名的就是北美红杉了。

"世界爷"肚子里跑汽车

小马可离开阿拉斯加，来到美国的"阳光州"——加利福尼亚。美国驴友小波罗已经在加州著名的港口城市旧金山等着他了。

小波罗和小马可同岁，也是个小背包客。连日来，他带小马可马不停蹄地参观了金门大桥、渔人码头、联合广场、九曲花街等旧金山名胜，还参观了著名的斯坦福大学和硅谷。

"接下来我们去哪儿？"小马可问。

"小马可，我知道你也是个博物迷。到了加利福尼亚，就不能不去看看红杉树！"

"红杉树？"

"是啊。在加利福尼亚州狭长的沿海地带，阳光充足，生长着新生代第三纪的植物，其中最著名的就是北美红杉了。红杉是世界上极为罕见的巨树，树干挺拔，枝叶长青，是极高的树种之一。许多红杉树高达 100 多米，树干直径就有 10 多米，而且树龄很长，一般能达到一两千年，还有 3000 年以上的呢！"

"哈！你这么一说，我想起来了。听爸爸说过，红杉树和中国还有一段特殊缘分呢！"小马可高兴地说。

"快说说看！"

"1972 年，中美关系刚刚解冻。当时的美国总统尼克松访华时，特意带了 4 株红杉树苗，作为珍贵的礼物送给中国人民。"

"哦，尼克松总统的家乡就是加利福尼亚，红杉是他家乡的树！"小波罗说。

"是啊，当时中国的作曲家还专门创作了一首歌曲《红杉树》。这几棵红杉在杭州植物园安了家。1982年尼克松再度访问杭州时，还专门到植物园看望它们。他见红杉树苗都长大了，还得知它们繁衍出了几千株子孙，分别种在了在中国的18个省市，高兴地说：'红杉树可活2000年，中美两国人民的友谊要像红杉树一样永存。'"

"这么说，红杉树还是中美友谊的使者呢。加州有许多红杉公园，走！咱们这就去见识见识它的风采！"

他们驱车来到加州东部内华达山脉的红杉

红杉树

红杉公园里的巨杉

公园，这里生长着许多高大的红杉树。整座红杉林巨木撑天，浓荫蔽日。

小马可看到，红杉的树身个个挺拔、伟岸，红褐色的树皮有粗大的竖纹，青翠细长的叶子呈羽状交互排列，像撑着苍绿的巨伞。

小波罗站在一棵底部特别粗大的巨杉前叫道："小马可快来看，这就是红杉中的老爷爷——谢尔曼将军树！"

谢尔曼将军树是当今世界上最高大最古老的树。它的名字来自南北战争时的将军威廉·特库姆塞·谢尔曼，是由博物学家杰姆·沃尔弗顿于 1879 年时命名的。 它高 83.5 米，胸围 31 米，

红杉真粗啊

行道树

74

底部最大直径达 11.1 米；树龄已经超过 3500 年了，被人们赋予一个响亮的外号："世界爷"。

还有一棵被称作"格特兰将军"的红杉，树龄也有 3000 多年，高 81.5 米，胸围 38.6 米，它的木材体积足可建造 50 栋 6 个房间的屋子。

红杉断面

"看呐，那棵大树下面能过汽车！"小马可又有了新的发现。原来，为了在林中修路，人们设计了一个两全其美的方案：给大树来个"开膛破肚"——在树干的基部开一条隧道，汽车就在树洞里川流不息地穿梭而过；而这巨杉呢，依然枝繁叶茂地活着，成为公路史上一个著名的大路标。

在这号称"红杉帝国"的林海里，他们看到著名的"树屋""独木房"和"红杉树鞋"，还看到许多可爱的动物——黑尾鹿、栗鼠、松鸡在林间蹦蹦跳跳，罗斯福麋慢腾腾地踱着方步，枝头上画眉、冬鸥唱着好听的歌。

"小马可，你知道吗？红杉树的属名，还是以一个北美印第安人首领的名字命名的呢。"小波罗说，"在漫长的岁月里，红杉树藏在深山，并不为世人所知。1794 年，一位名叫塞斯的苏格兰人采集了红杉的球果、枝叶和种子标本；直到 1847 年，奥地利植物学家安德尼奇才对红杉进行了深入的研究。他发现北美红杉仅分布在美国加利福尼亚州和俄勒冈州海拔 1000 米以下、南北长 800 千米的狭长地带。因为它是一个古老的物种，被称为植物界的'活化石'。"

知识链接

红杉椅——中美友谊新佳话

2013 年 6 月 8 日，中国国家主席习近平在美国加利福尼亚州安纳伯格庄园同美国总统奥巴马举行中美元首第二场会晤。会晤开始前，习近平和奥巴马在庄园中散步，交流的气氛很轻松。奥巴马将一把加利福尼亚州红杉木制作的长椅赠送给习近平。

本文图片提供：谢长朝

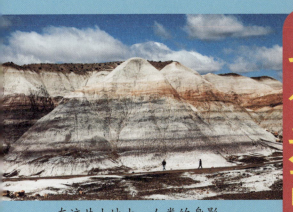

在这片土地上，人类的身影显得特别渺小

七色迷离的沙漠

"沙漠之舟"在 64 号公路上疾驰。一路上，小马可在小波罗的指点下尽情欣赏亚利桑那干燥地区的亚热带风光：高耸入云的棕榈树，碧绿挺拔的剑麻，粗壮高大的仙人柱以及一些枝干短小、叶脉细长的干旱区植物。小波罗告诉小马可，离这里不远，就是纳瓦霍印第安人的保留地。他们很快进入了沙漠地带，满眼是一望无际的滚滚黄沙，人烟稀少，车行很久都见不到一个人、一棵树木。然而，那是什么？

"恐龙！"小马可叫道。只见路边闪过一个个巨大的恐龙身影，它们张牙舞爪，或立或卧。

小马可和小波罗从红杉国家公园出来，一辆看上去很棒的越野吉普车正在那里等着他们。

"我们要换车吗？下一站去哪里？"小马可好奇地问。

"听说过彩色沙漠吗，兄弟？"小波罗神秘兮兮地问。

"我只知道沙漠都是单一呆板的土黄色，还真没听说过有彩色的。"小马可老实回答。

"那我们就去亚利桑那州东北部的沙漠景观区，去看看世界罕见的彩色沙漠。"小波罗说，"这车号称'沙漠之舟'，能在十分复杂的地形中行驶，就像骑上了骆驼那么安全，却比骆驼的速度快多了，是沙漠中理想的交通工具。"

"OK，太酷了！"小马可高兴地说。

"哦，是塑胶恐龙。两亿多年以前，亚利桑那州可不是现在的连绵沙漠，而是平整葱郁的陆地，有恐龙在这里游荡觅食。这些恐龙模型提醒我们，这里曾一度存在过恐龙赖以生存的环境。"

"我明白了，经过沧海桑田的变化，这里早已变得一片荒凉。"

"其实，这正是这座国家公园最大的特色。尽管来参观的游人很多，但公园尽可能地保持了原始生态之美，没有人工

石头上的画

山的美丽纹理

彩色沙漠奇观

雕琢的痕迹。除我们正走的这条现代化公路和简单的生活服务设施外,这里的一切都尽量保持着亿万年前的史前状态。"小波罗热心地解说着。

"有意思。"小马可望着车窗外掠过的座座沙丘、叫不上名字自生自灭的奇花异草以及天空中自由飞翔的大雁和秃鹰,想象着它们远古时代的样子。

"兄弟,别走神,前面就是彩色沙漠!"小波罗叫道。

小马可翘首向前望去，只见在阳光的照射下，前方沙漠中的一簇簇岩石真的闪烁出五彩斑斓的光芒，有粉红色、黄色、蓝色、白色、黑色、紫红色等，宛如七色彩虹一样多彩、明快，真是奇幻莫测、美不胜收，就像来到了安徒生笔下的童话世界一样。

　　"真令人难以相信！"小马可说，"这彩色沙漠是怎么形成

一栋与山谷同样颜色的大房子

的呢?"

"其实也很简单。现在我们位于海拔 1500 米以上的高原。由于这里气候干旱,化学作用十分微弱,岩石都保留着原来的鲜艳颜色。太阳一照,它们就发出五颜六色的光芒来了。时至今日,随着大自然风吹、日晒和雨淋,这一带仍然不断地有岩石被从地层深处剥离出来。一片片白色的岩石晶体在阳光的照耀下也会折射出黄色、紫色、红色以及橙色的炫目色彩。不仅如此,随着时间和季节的变化,彩色沙漠还会有规律地变换颜色呢!"小波罗说。

"真是太神奇了!"小马可赞叹着。

"彩色沙漠是 1858 年由美国政府的一个科学考察队发现的。"小波罗继续介绍,"它长约 240 千米,宽度从 24 至 80 千米不等。作家普里斯特里在他的著作《荒漠上的午夜》中,曾对这一奇妙的美景进行过出神入化的描绘。虽然这里是荒蛮的不毛之地,但每年仍吸引着一批又一批来自世界各地的游客。"

小马可今天真是大开眼界,不虚此行。

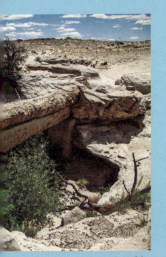
玛瑙桥

地貌突然变成了这样

本文图片提供:谢长朝

这里化石竟成林

看过了彩色沙漠奇观以后，"沙漠之舟"继续向前疾驶。

"现在我们去哪儿？"小马可问。

"到了彩色沙漠，不能不看看这里的化石森林。注意，现在我们已进入美国国家森林化石公园了。"小波罗答。

"化石森林？"

"是啊，这是大自然创造的又一个奇迹。在距今约2.5亿年前的三叠纪时期，这里气候炎热潮湿，覆盖着大片原始森林。洪水泛滥冲毁了森林，而后又被火山爆发时的沉淀物——火山灰所覆盖。由于火山灰中含有多种矿物质，长年累月，树干中的木质细胞逐渐被火山灰中的硅、铁、铜等取代，演变成二氧化硅等坚硬无比的树化石。这些树化石本来长眠于地下，经过多少世纪风雨的冲刷，再加上火山爆发、地震等频繁的地壳运动，使得地表节节上升，终于让这些深藏地下的树化石显露出来，成为我们今天看到的化石森林。"

"哇，大自然真是太神奇了！"小马可赞叹道。

"快看，前面就是化石林中最美的景观之一——水晶林！"

他们下了车，来到这片"树林"前。从外形上看，这些树干似乎与一般树没什么两样，但它们晶莹剔透、色彩斑斓，红、黄、白、黑、青、绿、棕、灰、紫应有尽有，在阳光下闪烁着五彩缤纷变幻莫测的光芒，真是美极了。小马可摸了摸，发现树身上的任何一块树皮都变成了尖锐的石刃，树体也演化成了石英、紫云英、玛瑙等宝石，有的还很像蓝宝石呢。他还看到，地表露出一簇簇当年大树倒下变成的化石树桩，它们同样光彩夺目，远远望去，宛如一大簇一大簇盛开的花朵。

"真像来到一个神话世界啊！"

化石森林公园占地辽阔，据说有 10 万英亩（1 英亩 ≈ 4046.86 平方米）。他们又驱车行进了 17 千米，仍然看不到尽头，只见一片又一片化石林从车窗前掠过。小波罗领着小马可，参观了世界上最长的树化石——足足有 116 英尺（1 英尺 ≈ 0.30 米）！当然它已分解成了若干段树干，可绝不是什么人锯断的，而是火山爆发和地震震荡以后自然形成的；他们还参观了世界上最重的树化石——根部半径有 1 英尺，总重量达 44 吨！更有趣的是，公园里还有一座用树化石搭建的独木桥和几间用玛瑙堆起来的房框子。小波罗告诉小马可，据说这都是古代印第安人留下的遗迹。

天色不早，该返程了。见小马可恋恋不舍的样子，小波罗问："你是不是想带一点纪念品回去？"

古木化石

印第安人用古树化石搭盖的建筑

这是一棵大树，在地底断成许多截。后来又上升到了地面，就像它直接倒在地面上似的

"正有此意，可不知道这里的规矩。"小马可老实回答。

"其实，在这座酷似天然宝石的大化石库里，谁不想带一片回去呀！早年有些人用炸药将化石爆破，经加工后投放市场牟取暴利，对自然造成很大破坏。当时一些很常见的颜色，像紫水晶色、烟白色、柠檬黄等，现在已经见不到了。现在这种现象当然不会再有了，但每年来参观的游客众多，假如每一位游客都顺手牵羊，捡拾1盎司（1盎司≈28.35克）树化石做纪念品，那么每年就

化石林散布在地面上

拨开树化石的皮，里面是五颜
六色的硅化木

古木化石中生出草来

会有 25 吨树化石不翼而飞……"

"对不起，我没想到这么严重……"

"别着急，听我说。政府考虑到了人们收藏的需要。在公园特
设的礼品店里，游客可以买一两片彩色化石作为留念。那里既有
经过打磨的彩色化石，也有未经加工的原始岩石供游客选购。当
然采集岩石都是在不破坏环境的严格要求下进行的。"

"是吗？那太好了！我们还等什么？快去看看吧！"

本文图片提供：谢长朝　杨晓云

仙人柱传奇

小波罗问小马可："你来美国图森市也有好些天了，说说看，对这里印象最深的是什么呀？"

"当然是'傻瓜乐'啦！"小马可不假思索地说。

"啥'傻瓜乐'呀？"小波罗丈二和尚摸不着头脑。

"就是它！"小马可朝窗外一株巨大的柱形植物一指。

"噢，你说的是 Saguaro 呀！Saguaro——中文名叫'仙人柱'，它的确是当地的标志性植物，还曾被作为亚利桑那州的州花呢！也难怪你叫它'傻瓜乐'，'Saguaro'这个名字来自西班牙语，它的发音确实绕口。"

漫山遍野的仙人柱

列兵布阵，漫山遍野

"它给我的印象太深了！一出图森机场，我第一眼看到的就是这种又像树又像是仙人掌的高大植物，回到你家这个社区，家家户户的门前屋后都生长着'傻瓜乐'。它不仅高大，而且造型憨憨的，特别生动可爱。"

"小马可，既然你这么喜欢'傻瓜乐'，那咱们明天就去参观图森郊区的仙人柱国家公园。它还是美国三大国家公园之一呢！"

为一种植物建一个国家公园，似乎只有加州红杉可以媲美。

第二天，他们驱车向图森市郊的索诺兰沙漠驶去。进入东

部的凌康山区，小马可举目远望，看到一幅令人惊奇的景象：远远近近的高山上，漫山遍野、密密层层地长满了巨大的"仙人柱"。它们个个都是那样挺拔、伟岸，看上去就像士兵列阵，千军万马般站立在坡地上，真是壮观极了。

"我也算是走过世界上不少地方了，这种景象还真是第一次见啊！"小马可赞叹不已。

"巨型仙人柱只能生长在海拔 2000 英尺的沙漠里，索诺兰沙漠正好符合这个条件，所以这里就成了它们的天堂喽！"小波罗说。

生命的伙伴

小波罗还告诉他，早在几百年前，这里的原住民印第安人就把仙人柱看作有生命的"人"了。他们崇拜这种有灵性的植物，把它看作是自己生命中的伙伴。尤其在清晨或是傍晚，仙人柱常会被看作许多不同姿态的人矗立在沙漠中，这更使它平添了几分神秘色彩。

说话间，仙人柱国家公园到了。一进大门有个访客中心，

仙人柱爷爷

面有介绍仙人柱知识的科普展览。小马可从这里得知，仙人柱的生长过程非常缓慢。它们起初是小小的、单独的1根，5－10年才能长高1英寸（1英寸≈2.54厘米），35岁时开花，75年才会长出第一个分叉。成年仙人柱的平均高度为4－6米，寿命在150－200年，很少有仙人柱能够活到200岁、长到50英尺——也就是15米高。

小马可向门外一株巨大的、分了许多叉、看上去很漂亮的仙人柱望去，心里估摸着，它大概已经是 150 岁以上的老爷爷了。

科普展览还展示，仙人柱每年通常在 4 月或 5 月的夜晚集体开花，是由蝙蝠来传播花粉的。它们极为耐旱，一年中只需喝一次雨水，就可以维持生命的需要。一株仙人柱一生能产下 4000 万颗种子，但最终能长大成材的却寥寥无几。

看完展览，小波罗开车沿着一条路向山中驶去。他开得很慢，让小马可尽情地欣赏两旁满坑满谷矗立着仙人柱的美景，还时不时地在路边的观景台停下车来，让小马可走进小道，近距离观察一些仙人柱的细部。各种姿态的仙人柱，令小马可目不暇接，他不断按下相机的快门，要把每一棵独特的仙人柱都记录下来。

除了仙人柱外，他在这片高山沙漠里还看到许多不同品种的仙人掌和其他沙漠植物。它们都是仙人柱的伴生植物，形态各异、各有其美，与仙人柱一起组成了这个亚热带沙漠植物的大公园。

仙人柱靴的故事

在路边一个凉亭前，他们停了下来。凉亭里摆着个木头桌子，一位美国大叔正在这里向游人讲解着什么。

"他是一位科普志愿者。"小波罗对小马可说，"在国家公园，每天都有志愿者向游人介绍科普知识。"

只见那大叔手里拿着一只硬硬的像木靴一样的东西。他问小马可："孩子，你知道这是什么吗？"

小马可猜不出来。

科普志愿者为游客讲解仙人柱靴

仙人柱靴

"它叫'仙人柱靴'，是筑在仙人柱内部的小鸟的家呀！"

原来，人们在仙人柱上常可以看到的那一个一个的洞洞，里面都住着小鸟。鸟儿啄空仙人柱住了进去，把仙人柱的肚子当成自己的家。仙人柱为了保护自己，就在空洞上分泌出一种物质，形成一个保护层。当这个仙人柱衰老死去，人们剥开它的内部，就会发现里面的"鸟巢"竟然变成了一个靴子一样的硬壳，这就是"仙人柱靴"的由来。

"太有意思了！"小马可拿起那只"仙人柱靴"，左看右看看个不够。

仙人柱的"肋骨"

"孩子，我再问你，你知道仙人柱内部是怎么样的吗？"大叔问。

"巨型仙人柱是仙人掌的一种，而仙人掌是肉质植物，难道它里面不是肉肉的吗？"

"不，仙人柱和一般仙人掌还不一样。你看这棵死去枯掉的仙人柱，它的内部结构就像树干，肉质茎的周围是一圈密实的木质圆柱，如同人类的身体骨架，外面是厚而多汁的皮层。"大叔说。

"哦，我说它怎么能够长得那么高，还能在深山的风中屹立不倒呢。"小马可若有所思。

大叔接着说："当它衰老了，表皮就会脱落，逐渐被沙漠所吞噬；但里面坚硬的支撑骨架却依然矗立在沙漠中。"

"这种骨架非常结实，早期印第安人管它叫仙人柱的'肋骨'，常常拿它来做建筑材料盖房子。喏，你们看这个凉亭，它就是用仙人柱的骨架搭成的呢！"

仙人柱伴生植物

枯死的仙人柱，露出里面的"肋骨"

三张照片的启示

　　大叔还告诉孩子们，仙人柱跟整个区域的生态息息相关，它们与其他沙漠植物和动物们和谐相处。不仅鸟儿在仙人柱中筑巢，各种爬虫类也在仙人柱的根部栖息。

　　但是，它们也会受到各种自然灾害和人为的侵害。大叔给他们看了一组照片，是在附近山区同一个地方拍照的：第一张是 1962 年，那时的仙人柱密密麻麻郁郁葱葱；第二张是 1982 年，由于发生了一场罕见的冻灾，加上当时的人们在这里大量放牧牛马，仙人柱死了许多，变得稀稀拉拉；第三张是在 2012 年，由于人们注意保护，仙人柱的数量逐渐得到恢复，虽然没有达到 1962 年以前的水平，但许多新生的小仙人柱正在成长。

　　"保护自然，和自然界美丽的植物、动物一起和谐相处，不是我们人类义不容辞的责任吗？"回来的路上，小马可一直在想。

仙人柱的内部结构

本文图片提供：阿真

大洋洲篇

BOWU LVXING

乔治湖是行踪不定、时隐时现的。它每隔一段时间就要消失，过些时候又重新出现，而且其消失和再现是周期性的。

爱捉迷藏的乔治湖

小马可结束了在美国的旅行，回国休整一段时间，又踏上了旅途。他要赶到澳大利亚去过新年。

临行前，北京正飘着鹅毛大雪，而此时的澳大利亚却是盛夏。在飞机上，小马可一件件脱掉了羽绒服、毛衣和毛裤。一下飞机，他就看到悉尼国际旅行社的杰克先生，一副T恤短裤沙滩鞋的短打扮，还热得汗流浃背，真像一下子来到了另一个世界。

悉尼歌剧院

小马可在飞机上读过旅行指南，知道澳大利亚这个世界最小的大陆和最大的岛屿，位于地球赤道以南，因此季节与北半球冬夏颠倒；而且，世界上唯一一个只有一个国家的大陆。

"哈罗！小马可。欢迎你来到我们美丽的国家！"杰克热情地说。

"看见你真是太好了！杰克。你打算怎样安排我们的行程？"

"真不愧是旅行家，小马可。我们澳大利亚有许多自然奇观和自然之谜，我们就来一次自然探秘之旅，如何？"

"哦，不错，正合我的胃口。"

"我们今天就在悉尼过新年。白天看看热闹的花车游行，晚上去著名的悉尼歌剧院，听一年一度的新年音乐会。明天一早我们就出发，去探秘之旅的第一站——乔治湖，怎么样？"

"太好了！"

第二天，杰克开车载着小马可向首都堪培拉方向驶去。高速公路左侧出现了一大片一望无际的洼地。杰克在这里停下来，带小马可向洼地深处走去。

"这就是乔治湖。"杰克说。

这难道是湖吗？小马可狐疑起来。他看到的只是一片干涸的洼地，看不到一滴水，到处长满十几米高的树木，羊群悠闲地在树林间吃着茂盛的青草。

"想不到吧，当年这里波光粼粼、盛产鱼虾，是一片真正的大湖。可是它自从1983年最后一次消失，至今已干了20多年了！"

"最后一次消失？你是说……"

"是啊，乔治湖是行踪不定、时隐时现的。它每隔一段时间就要消失，过些时候又重新出现，而且其消失和再现是周期性的。

前往乔治湖，过海港大桥

乔治湖像个和人捉迷藏
的淘气孩子

从 1820 年到现在，它已经消失和复现过5次了！因此，人们送给它一个别名，叫做'变幻湖'。"

"那这个乔治湖不是像个淘气的孩子，在和人们捉迷藏吗？"

"正是如此。"

"太神奇了！为什么会这样呢？"

"科学家曾对这一奇怪的自然现象进行了多年的研究。有人认为，它的消失与再现可能与星球运行有关；还有人认为，它是时令湖，水源主要是河水和雨水，如果当年雨量少，水分大量蒸发，湖水就会干涸，因而它时隐时现……"

"我觉得这种说法有点站不住脚。如果它和降雨量有关，不可能 20 年中就没有雨水充沛的年份啊！"

"是啊，哪种说法都难以完全自圆其说。于是又有科学家猜测乔治湖是个'漏湖'，这个地区地球板块有自动开启和关闭的'特异功能'。要不然，怎么解释湖水在短时间内消失得干干净净，甚至连湖中的鱼都无影无踪了呢！"

"真有意思。希望科学家们早日揭开这个大自然的奥秘！"

"我倒希望乔治湖早点回来，重新成为鱼虾和水鸟生活的乐园！"

本文图片提供：肖咪

俯瞰艾尔斯岩

澳大利亚的肚脐

小马可和导游杰克离开堪培拉，驱车前往澳大利亚之旅的第二站——艾尔斯岩。

艾尔斯岩是世界上最大的一块独体岩石。它高达348米，周长9400米，如果绕它走上一圈，起码得用3个小时。它孤零零地坐落在一片浩如烟海的沙漠之中，据说至今已有5亿年的历史了！当地的土著澳洲人称它为"魔石""圣石"。

小马可他们乘坐性能优良的沙漠越野车，颠颠簸簸地向巨石靠近着。远远望去，艾尔斯岩像一头巨大的野兽趴卧在那里。杰克告诉小马可：艾尔斯岩是欧洲人艾尔斯在1872年发现的，它也因此得名；但它还有个别称，叫作澳大利亚的"肚脐"。这不仅因为它地处澳大利亚版图的中央，还因为岩石表面刻有许多阿波利基尼岩画，记录着居住在这一带的土著人的传说，所以被当作澳大利亚的发祥地。

艾尔斯岩前欢乐的小驴友

走近了，他们下车仔细观察。这座巨石，形状有点像胡瓜，又像是两端略圆的长面包；东部高而宽些，西部低而窄些，岩石表面圆滑光亮，镌刻着无数平行的直线纹路——这是由亿万年的雨水冲刷而形成的；光秃秃的表面寸草不生，也没有鸟兽栖息，只偶尔能看到小小的蜥蜴出没其中。

更令人称奇的是，岩石的颜色会随着时间和天气的变化而变化。特别是日出和日落时分，巨石会发出不同颜色的夺目光彩，时而淡红、时而鲜红、时而紫红、时而又变成艳丽的黛蓝或金

暮色中的艾尔斯岩

黄……真是美不胜收。杰克解释说，这是因为岩石含铁量高，在空气中已慢慢氧化。清晨和傍晚，阳光从很低的角度斜射到氧化铁的微粒上，岩石就会变幻出以红为主的各种颜色。而阵雨过后，

澳大利亚袋鼠

澳大利亚考拉

巨石会呈现出银灰略黑的颜色，像一头卧着的大象；雨水形成许多飞瀑，从"大象"的各个侧面倾泻下来，蔚为壮观。

杰克领着小马可来到岩石西部，沿着一条铁索走了1.6千米，攀上顶峰，放眼瞭望大漠的壮观景象。

"杰克，在这茫茫沙漠之中，怎么会出现这样一块独立的巨石呢？"小马可百思不得其解。

"这正是我们要探索的自然之谜，小马可。"杰克回答，"它的来历，至今也只是一些猜测。有人说，它是世界上最大的一块陨石，是'天外来客'；有人说，这是地壳运动、板块挤压的结果；还有人根据阿南古人的传说和法则，断定是由土著人的祖先建造起来的……但是人们始终未能找到真正科学的答案。"

杰克见小马可探秘的兴趣那么浓，又带他深入到岩石的细部。他们看到，石上因风化而形成许多奇特的裂缝和洞穴。有一条裂缝，夕阳之下，很像人完整的头盖骨；有一根高 200 多米、依附于岩壁之下的石柱，被土著人当作神的象征，它有一个形象的名字叫"袋鼠尾"；石上还有个"声音谷"，内壁呈波浪形，风吹进去，会发出奇怪的呼啸声。他们还走进洞内，去看那些据说有 5 万年历史的岩画。这些画线条曲曲折折、圈圈点点，很像近代的抽象派绘画。它们记录着土著人的传说、图腾和宗教信仰以及他们对周围环境、草木和禽兽奥秘的探索。

"艾尔斯岩真不愧是一块'魔石'啊！"小马可感叹道。

澳大利亚原住民

本文图片提供：武宁 澳大利亚旅游局

105

鬼斧神工大堡礁

"我们下一站去哪儿？"小马可问杰克。

"大堡礁。"杰克回答，"这可是世界第八大奇观。就像到了你们中国不能不登万里长城一样，到了澳大利亚，就不能不去大堡礁！"

小马可兴奋起来，他早从旅游手册上得知，大堡礁是世界上最大的珊瑚礁群。它北起托雷斯海峡，南至弗雷岛附近，沿澳大利亚东北部海岸线绵延 2000 多千米。1981 年，它被联合国教科文组织作为自然遗产列入《世界遗产名录》。

他们乘车沿新英格兰线，途经布里斯班市来到大堡礁水域。杰克告诉小马可，这片水域分布着约 3000 个岛礁，面积有 34.5 万平方千米呢！在这里游览，可选用海陆空三种方式。所谓海，就是乘坐观光船徜徉海中；

乘坐观光船

陆，就是登上珊瑚岛观赏美景；空，就是乘直升机俯瞰大堡礁全景。小马可选择了先"空"后"海"——从宏观到微观地欣赏这一巨大奇观。

直升机缓缓掠过海面，蔚蓝的大海上或隐或现地分布着数不清的大大小小的珊瑚礁群，有的像巨轮、有的像扁舟、有的甚至

大堡礁的美丽珊瑚

珊瑚中的各种生物

潜水员与海龟

像盛开的花朵……它们不仅形态各异，而且颜色也是千变万化：有蓝色、黄色、绿色、棕色，还有粉红色和紫色，姹紫嫣红，从空中望去，偌大的堡礁群真像一个绚丽多彩的大盆景，又像是一个美不胜收的热带大鱼缸。杰克介绍说，珊瑚礁是由珊瑚虫以及单细胞藻类等的残骸堆积而成的。经过长年累月的发育和沧桑演变，便形成了巨大的礁群。更令人惊奇的是，在大堡礁的 400 多个珊瑚礁群中，竟有 300 多个是活珊瑚，这在世界也是独一无二的。

珊瑚中的鱼与潜水员

　　从空中降落，他们又乘上了有着透明船底的观赏船。实际上，珊瑚礁大部分是没入水中的。它们由350多种不同的珊瑚组成，不仅色彩斑斓，而且造型千姿百态，有的像鹿角，有的像扇子、像蘑菇、像荷叶、像海草，还有的像树枝花一样奇妙。珊瑚礁之间，生活着1500多种热带海洋生物，有海蜇、管虫、海绵、海胆、海葵、海龟（其中以绿毛龟最珍贵），还有蝴蝶鱼、天使鱼、鹦鹉鱼等以及令人生畏的剧毒石鱼和巨型海蛇……海洋生物资源真是丰富极了。在美丽的珊瑚礁间穿行，看那些奇异的热带鱼类游弋其间，真像是来到童话中的海底宫殿。

　　杰克说，大堡礁大约形成于15000年前。当地的土著人虽曾到过这里，但有史料记载的还是1770年被航海家詹姆斯·库克

在船上拍照的游客

发现的。当时库克船长率"奋斗"号船经过此地，在"大堡礁"的一个礁体上搁浅，于是发现了大堡礁。大堡礁是进入澳洲大陆的大门。它像一座座堡垒一样护卫着海岸，"堡礁"也因此得名。在这规模庞大的珊瑚礁群中，只有 10 个口子适宜船只通行，形成一座天然屏障，美丽而又惊险。看到这里，小马可不禁感叹："大自然真是个伟大的建筑师啊！"

本文图片提供：许东晅

静悄悄的旅行

小马可正通过微信与新西兰的小探险家珍尼弗聊天。

"小马可，你听说过没有嘴巴的萤火虫吗？"珍尼弗是个调皮的丫头。

"世界上还有这么奇怪的昆虫？"

"哈哈，到奥克兰来吧，我保证你不虚此行！"

小马可被撩拨得心痒难挠，倒要看个究竟。当天就登飞机飞往太平洋上美丽的城市奥克兰。

"什么都不要问！小马可。这是一次静悄悄的旅行。你只需要动用眼睛和耳朵！"珍尼弗煞有介事地说。

好嘛，就当几天哑巴，只要这个"野蛮女友"能让我看到真正的奇迹。小马可心想。

他们驱车向南160多千米，来到毛利人的小城怀托摩。在毛利语中，"怀托摩"是"绿水环绕"

溶洞内的萤火虫发出点点星光

的意思。珍尼弗果然带小马可来到一个青山和溪水环绕的地方，穿过一座尖顶小木屋和雕着毛利图腾的红色木柱，就是那个著名的萤火虫洞了。

这是一个有着1.5万年历史的钟乳石溶洞。他们跟着当地毛利人导游进到洞内，眼前真的出现了奇迹：只见成千上万个萤火虫在岩洞内熠熠生辉、灿若繁星，好像来到童话中的水晶宫一样，真是美极了！小马可张大嘴巴正要发出惊叹，但见珍尼弗把一根手指放在唇边，他想起事先的约定，只好忍住了。奇怪的是所有的人都默不作声，只睁大眼睛观赏；连导游作介绍的声音，都轻得像耳语一样。

马来西亚的红萤

香山窗萤的幼虫

新西兰毛利人吹口笛

毛利人战舞

毛利人的图腾雕塑

毛利人的面具木雕

奥克兰的游船码头

新西兰儿童在驾驶帆船

　　"请大家看侧面的岩石。"小马可顺着那轻轻的声音望去，看到一片蓝绿色的微光，微光下是无数条长短不一的半透明细丝，从洞顶倾泻而下。每条丝上挂着许多"水滴"，像一面晶莹剔透的水晶珠帘。原来，这些萤火虫的幼虫不仅能发光，还能分泌附有水珠般黏液的细丝。洞里的昆虫循光而来，撞到细丝上就动不了了，萤火虫幼虫便爬过来美餐一顿。这美丽荧光下的水晶珠串，原来是它们觅食的"垂钓线"！

　　小马可还是不明白大家为什么都不出声。趁珍尼弗不注意，他冲导游指了指嘴巴，又画了个大问号。导游笑了，轻声地说："这些小精灵与世界上其他地方的萤火虫不同，对生存环境的要求近乎苛刻，遇到光线和声音便无法生存。因此，前来旅游的人都遵守'约法三章'：不喧哗、不摄影、更不捕捉。"原来如此！小马可知道珍尼弗那鬼丫头的良苦用心了。

　　他们沿洞中石阶而下，登上地下暗河的一条小船。导游用手拉着绳索牵动小船前进。仍然没有人说话，只听轻轻的水声。小

萤火虫的幼虫可以分泌出带有黏性的细丝

马可抬头，发现他们已处在一片闪闪烁烁的"星空"之下，头顶上似乎有一条蓝绿色的光河在流动，时而满天繁星密密层层，时而微光点点稀稀疏疏。在黑暗中，只有导游的声音如游丝般传来："这些萤火虫生命周期为一年。幼虫会发光吐丝，经过 6 — 19 个月变成成虫。它们年龄越大发出的光越亮。奇怪的是，成虫有翅膀却没有嘴巴，无法进食，也不会飞。只是疯狂地交配产卵，直至筋疲力尽。产卵 2 — 3 天后，它们会用尽最后一点力气撞向幼虫的丝网，舍身给自己的后代作食物。它们就是这样一代又一代延续下来的。"

　　真是悲壮啊！小马可感动地想。"这微小的生命竟能发出如此动人的生命之光。"出了洞，小马可总算不受那"静悄悄"的束缚了，他迫不及待地对着珍尼弗，把这句话大声说了出来。

本文图片提供：郑洋　阿真

非洲篇

BOWU LVXING

据说一棵大的猴面包树能储存几千千克甚至更多的水呢！在人们干渴难耐时，只要找到一棵猴面包树，在它的肚子上挖一个洞，清泉便喷涌而出。

肯尼亚的朋友小辛巴从首都内罗毕发来电子邮件：小马可，到非洲来吧！非洲美丽和神奇的地方真是太多了，你一定会大饱眼福的！

OK，就去非洲！

小辛巴亲自开着性能良好的越野吉普车，先带小马可在内罗毕市区转了一圈。这里高楼交错，轿车穿梭，和世界各地的现代化都市没多少区别。紧接着，吉普车驶上郊区公路，风驰电掣般地奔向原野。时间仿佛倒退了一个世纪，高速公路在荒凉的大漠上戛然而止，跳入他们眼帘的是自由自在的飞禽走兽和佩着弓箭的原住民，刚才的现代文明一下子消失了。

"这就是我要看的非洲，自然动植物和人和谐相处的天堂！"小马可想。

突然，小马可发现了一个奇怪的景物，连叫停车。

在一望无际的热带草原上，出现了一棵相貌奇特的树木。它树冠巨大，枝杈千奇百怪，酷似树根，远看就像是摔了个"倒栽葱"；它树干很粗，直径有10多米，要30多人手拉手才能合抱一圈；但它个头却不高，只有10多米，因此，整棵树显得像一个大肚子啤酒桶；远远望去，那树似乎不是长在地上，而是插在一个硕大粗矮的花瓶里。世界上竟有这样的树，小马可简直看呆了。

"这是波巴布树，我们都叫它猴面包树。"小辛巴说。

浑身是宝的猴面包树

猴面包树的果实

猴面包树的花

"它既不像猴也不像面包，为什么叫这么个奇怪的名字呢？"

"那得先说说它的特性。猴面包树是植物王国里的'老寿星'，一般能活上 4000 — 6000 年呢！它适应环境的能力特别强。在热带草原，气候终年炎热，有明显的干、湿季节。每当旱季来临，为了减少水分的蒸发，它会迅速地落光身上的叶子，以保存生命；

雨季来了，它又依靠自身松软的木质，拼命吸水，储藏在树干里……"

"唔，一般的树都是用根吸水，这种树却用树身吸水，有意思！"小马可忍不住插话。

"是啊，它就像是荒原上的储水塔。据说一棵大的猴面包树能储存几千千克甚至更多的水呢！在热带草原旅行的人们干渴难耐时，只要找到一棵猴面包树，在它的肚子上挖一个洞，清泉便喷涌而出，人们拿个缸子接水就可以大喝一通了。因此，沙漠旅行的人把它叫作'生命树'。"

"为什么又叫'猴面包树'呢？"

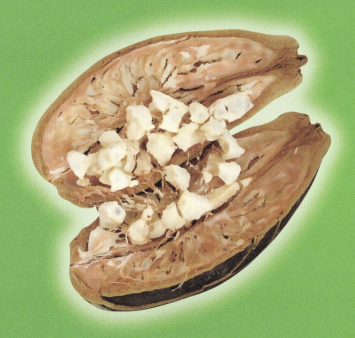

猴面包树的果实内部

高大的猴面包树

"因为它吃饱喝足以后，就又长出掌状复叶，开出很大的白色花朵。花凋谢后结出长椭圆形葫芦状的果实，果实巨大如足球，甘甜汁多，是猴子、猩猩、大象等动物最喜欢的美味。每当它果实成熟，猴子们就成群结队而来，爬上树去摘果子吃，所以它又被称作'猴面包树'。"

　　"这么说，猴面包树不仅是人的生命树，它还是动物们的生命树呢！"

　　"不仅如此，猴面包树全身都是宝。它的树皮可以造纸、织席和制绳，果实外壳可当瓢用，果肉能生吃，它鲜嫩的树叶是当地人十分喜爱的蔬菜。在非洲历史上几次大饥荒时期，这种'天然面包'拯救了成千上万饥民的性命。而且，它的果实、叶子和树皮都可以入药，具有养胃利胆、清热消炎和止血止泻的功效。最近，科学家们还从猴面包树中分解出一种能抑制胃癌细胞的物质，这就揭开了一个奥秘：常吃猴面包树果实和树叶的非洲人，几乎不得胃癌……"

　　"哎呀，听你这么一说，我都不想回去了，真想在这儿当个吃'猴面包'的幸福的猴子！"小马可手搭凉棚，扮着猴脸说。

本文图片提供：张力

"噢，那些白蚁山啊！"小辛巴看穿了小马可的心思，干脆把"沙漠王"停了下来，让小马可下车看个够。

"白蚁山？你是说这些小山是白蚁筑的巢？"小马可近前一看，果然见那些塔山周围有不少小小的白蚁，正在忙忙碌碌进进出出。这么小的生命能建起山一样的建筑，真是不可思议！他想。

"可别小看这些小东西，它们是世界上最伟大的建筑师。"小辛巴告诉小马可，这些塔山是白蚁把沙子和黏土一粒粒地垒起来，用自己的唾液黏合在一起。等干了以后，这种"混凝土"就会变得非常坚硬。它们就是这样日复一日地构筑自己的"钢筋水泥"大厦。

"就像我们中国的愚公，只不过一个搬山一个筑山！"小马可看准一座蚁山，使劲推了推，纹丝不动。他叹口气道："唉，看来想要看看它的内部结构也不是那么容易的！"

谁知他们竟那么幸运，走出一二百米，遇到了几个研究白蚁的专家。在当地人的帮助下，专家们用大马力拖拉机掀翻了一座蚁山。当"山底"最后一层红土被清去，眼前的景象让小马可一下子惊呆了！

带『空调』的白蚁山

小辛巴和小马可驾着一辆沙漠王越野车，在非洲科特迪瓦一带光秃秃的沙漠中行驶。突然，土路两侧出现一座座像塔一样的小山。它们大多数两三米高，最小的有篮球那么大，最高的能有四五米，有的是单峰耸立，有的群峰相连，而且形状各异，就像小马可在中国江南看过的假山展览那么好看。太神奇了，在这荒无人烟的沙漠，是谁建造了这些"假山"呢？

高大的白蚁山

斯里兰卡的白蚁山

这是一个占地大约 3 平方米的圆形蚂蚁"城堡"，里面沟壑纵横，建筑栉比。成千上万的白蚁熙熙攘攘川流不息，就像一个繁荣而喧嚣的闹市里的人群。由于家园突然被毁，这会儿蚁群正惊慌失措地四下奔逃。仔细观察，城堡的结构非常复杂。外侧是一条条环状的深沟，好像城市的环行大道。几条"环路"之内，则是一条条纵横交织的浅壑，如同城市的街巷。街巷和大道都有四五厘米宽，底部和侧面平滑得好像用蜡打过一样。沟壑之间四通八达，犹如千街万巷相连。

"真像一座迷宫啊！"小马可叹道。

"还有更有意思的呐！"在白蚁专家路易斯先生的指点下，他看到"城堡"中央有一个 30 厘米见方的细沙土平台，这就是蚁穴的中心——蚁王和蚁后居住的"王宫"了。"王宫"正中修建有一个手掌大小的床榻，四边微微翘起，上面躺着一个拇指大小白白胖胖的蚁后，而蚁王，已不知道逃到什么地方去了。

"蚁后一生中唯一的事情就是躺在那儿产卵，繁衍后代。其他工作——筑窝、觅食等，都是由工蚁来完成的。"路易斯先生讲解着。

小马可看到，"王宫"周围堆着一堆堆柴草，原来这就是白蚁社会的"粮库"。路易斯先生说，白蚁的主要食物是纤维素，来自木头、青草、树叶、棉絮以及食草动物的粪便。是肠道微生物帮助它们把这些似乎没什么营养的东西变成了维系生存的物质。而且白蚁身体里蛋白质、脂肪和糖分都很丰富，是当地人用来补充营养的佳肴呢！

　　"小马可，你知道吗，这个蚁巢里还有空调呢！"小辛巴可找到一个展示自己学问的机会了。原来在筑巢时，工蚁先用自身的分泌物与泥土相混合，建起厚度达400厘米的外壁，隔断外界的湿热和干燥；接着自下而上在几米高的外壁上挖出几条"垄状通道"，每一条"垄道"再开通10条从蚁巢顶部至底部的细小气道；最后，使蚁巢经过120条细小气道上的无数小孔与外界相通。由于白蚁活动时产生的热量可以通过小孔上升，得以从蚁巢排出，而外部气流又能经过气道补充进来，因此起到了"空调"的作用。因此，尽管当地的气候昼夜温差很大，空气异常干燥，可蚁巢内的温度始终保持在30℃左右，不冷也不热。

　　"唔，我想起来了。据说英国诺丁汉的财政大厅，就是从'蚁穴空调'中受到仿生学的启发而建造的，所以它的内部永远都保持着充足的氧气。小小白蚁可真了不起呀！"小马可又忍不住赞叹起来。

本文图片提供：代玲　宋鹏涛

穿越好望角

小马可早就想去大名鼎鼎的好望角看看。机会来了，有一艘货轮正要经过那里，经非洲朋友巴布鲁介绍，答应带上小马可。巴布鲁把小马可托付给年轻的船员布鲁姆，请他一路多多关照。

好望角旁的悬崖峭壁

轮船开到了南非共和国西开普省开普半岛的南端，这里正是大西洋和印度洋的汇合处。好望角那么有名，一是因为它的重要，二是因为它的危险。果然，一到这里，小马可就感到一股强劲的西风在海上掀起了巨浪。浪头有 15 — 20 米高，浪的前部像是悬崖峭壁，后部就像缓缓的山坡。惊涛骇浪中，大轮船像一叶小舟那样，一下子冲到峰顶，一下子又滑到谷底。船上的人都东倒西歪站立不稳，海浪铺天盖地地涌上甲板，如果站在那里，就会被卷到大海里去，"葬身鱼腹没商量"了。小马可也算是见多识广，但还没经历过这样的阵势，不由得有点紧张。

好望角

"别怕！"一直陪伴着他的布鲁姆亲切地安慰道，"在好望角，几乎天天有这样的大风大浪。我们的船已经好多次穿越好望角了，船长很有经验。"

小马可明白为什么巴布鲁要特意请布鲁姆照顾他了，好望角确实是世界上最危险的航海地段。布鲁姆告诉他，这里的浪有"杀人浪"之称，尤其是在冬季，还会有极地风引起的旋转浪，这两种海浪叠加在一起，使得海况更加恶劣；此外，这里还有一种很强的沿岸流，当浪与流相遇时，整个海面如同开锅似的翻滚，在这里遇难的海船难以计数。

"既然这么危险，为什么还要从这里走呢？"小马可问。

"因为在苏伊士运河通

悬崖上的灯塔

航以前，好望角是连接欧洲大陆与亚洲大陆唯一的海上通道啊！"

"哦，你给我讲讲它的来历吧！"

布鲁姆很高兴有机会展示一下自己的历史知识。于是，他给小马可讲开了：

1486 年，葡萄牙航海家迪亚士率探险队从里斯本出发，寻找通往"黄金之国"的海上道路。当船队驶到大西洋和印度洋会合

好望角地标

处的水域时，海面上突然狂风大作巨浪滔天，几乎使整个船队覆没。最后巨浪把船队推到一个不知名的岬角上，这支舰队才幸免于难。1488 年 12 月回到里斯本后，迪亚士把这个岬角命名为"风暴角"。1497 年 11 月，另一位探险家达·伽马率领舰队沿着"风暴角"成功地驶入印度洋，满载黄金、丝绸回到葡萄牙。

"那'风暴角'怎么又变成'好望角'了呢？"小马可问。

"有两种说法：一种说法是葡萄牙国王约翰二世听迪亚士讲

好望角岸边的岩石

了'风暴角'的见闻，认为绕过这个海角，就有希望到达梦寐以求的印度，因此将'风暴角'改名为'好望角'；另一种说法是达·伽马自印度满载而归后，当时的葡王才将'风暴角'改为'好望角'，意思是绕过此海角就带来了好运。"

"这么说迪亚士是最早驾船经过好望角的人？"

"是啊，他因此被称为'好望角之父'。可惜的是，1500 年他再度航行好望角时，却没有第一次那么幸运——他遇到海难，永远葬身在那里了。"布鲁姆叹息道。

"你刚才说后来开通的苏伊士运河也是连接欧亚大陆的海上通道，那么是不是就可以不走好望角了？"小马可又问。

"不，特大油轮无法进入苏伊士运河，还必须从这里绕道。至今，好望角仍然是欧亚之间不可缺少的重要通道。据说现在每年仍有三四万艘巨轮通过好望角。西欧进口石油的三分之二、战略原料的百分之七十、粮食的四分之一都要通过这里运输呢！"

　　听布鲁姆这么一说，小马可觉得好望角的风浪似乎也不那么可怕了。看到船员们各司其职，都在紧张地工作，他不好意思让布鲁姆光陪自己聊。于是，小马可撺胳膊挽袖子，自告奋勇地帮布鲁姆干起活儿来。

本文图片提供：肖咪